道徳教育の
理論と指導法

田中 マリア

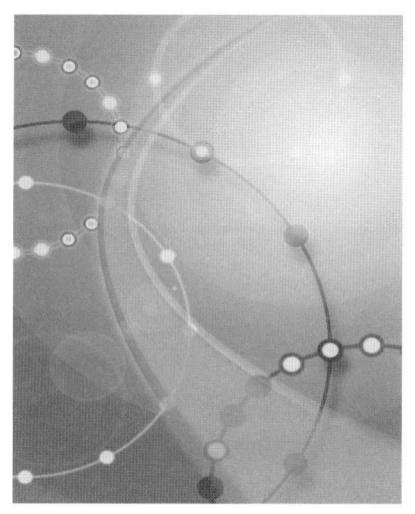

学文社

まえがき

　本書は，教職科目「道徳教育の指導法」を履修する学生たち向けに書かれた教材であり，基本的には公立学校の教師を目指す者たちにとって必要な知識や課題などを中心にまとめられている。言うまでもなく，道徳教育をもっと広い視野から人間形成という視点に立って眺めれば，本書のほかにも学ぶべき事柄はまだまだたくさんある。学生たちには，講義以外の時間で積極的に図書館に行ったり，他の先人たちの話を聞いたりするなど，能動的な学習を期待したい。

　ちょうど本書を執筆しているとき，小学校時代の恩師から手紙を頂戴した。私が先生と同じ教育の世界に関心をもったことを偶然知り，職場宛てに激励のメッセージを送ってくださったのだ。そこには先生の近況なども綴られており，昔と変わらぬ先生のご様子を懐かしく思い出しつつ拝読したのだが，そのなかに大変印象的なエピソードが書かれていた。登園拒否を繰り返していた，ある小学一年生の男の子が小学校にあがり，「お母さん，ぼく学校が大好きだよ。はやく寝ればはやく明日が来るんだよね。ぼく，はやく学校に行きたいからはやく寝るんだ。」と言っていたそうで，先生はその言葉が忘れられないと綴っておられた。私も先生のクラスが大好きだった。いつも教室には歌声や笑い声が溢れていた。卒業して教育を学問対象として選び，多くの文献を読むようになったが，やはり原点はあの公立学校のあのクラスなのであろう。

　昨今，メディアでは問題教師ばかりが毎日クローズアップされる時代であるが，先生のように今日もどこかで人類愛の種を黙々とまかれている先生方もたくさんおられる。これから公立学校の教師を目指そうとする学生たちには，先の男の子の言葉が最高の評価であると心得て，腐らず，夢をもちつづけて活躍していってほしい。本書はそのような願いを込めて作成したものである。

　第Ⅰ章では「道徳教育の現状」についてまとめた。第1節「生徒指導上の諸問題」では，諸々の項目に関する調査について，データの読み方をはじめとして，そこから周囲の人たちとディスカッションが広がるよう配慮した。第2節

では「現代日本の学校における道徳教育の特質」について，「道徳の時間」が教科でなく領域として位置づけられていることや，担当者や教材，評価など他の教科活動と異なる特質を有している点について，できるだけ理解しやすいように工夫した。

　第Ⅱ章では「道徳教育の歴史的変遷」についてまとめた。第1節「道徳の時間」の特設では，なぜこのような位置づけになっているのか，その教科化になぜ否定的な意見が根強くでてくるのかについて，歴史的な経緯や基本的な知識をおさえておけるよう問題点を整理した。また，第2節の帝国・軍国主義時代の「修身科」の在り方や第3節の近代的教育制度の発足と変遷については，時代を遡る方法によって論を展開するなど，古い時代の教育展開にも関心をもちやすくなるよう心がけた。

　第Ⅲ章では「道徳教育の実践に向けて」，諸外国の動向や計画の立て方などについてまとめた。第1節では先進諸国における価値教育の動向について，価値の多様化が進む時代における道徳教育の在り方に関して考える機会となるよう諸外国の価値教育の動向を取り上げた。その際，今日めまぐるしく変わる社会において，とくに本書で取り上げる先進諸国においては，moralという言葉はあまり使われなくなってきていることから，ここでは道徳教育と区別して価値教育と表現した。第2節では，具体的に授業をつくっていこうとする際，押さえておかなければならない点について，指導計画や学習指導案の作成方法などを中心にまとめた。また，「道徳の時間」の展望として，公立学校改革の様子についても，わずかではあるが言及した。

　巻末には，本文の理解の助けとなるよう，関連資料も充実させた。

　以上，本書が公立学校の教師を志す多くの学生たちの学習の第一歩となれば幸いである。

　2013年1月

田中　マリア

目　次

まえがき　1

第Ⅰ章　道徳教育の現状 ──────────── 7

1．生徒指導上の諸問題 ……………………………………… 7
　1）いじめ　7
　2）暴力行為　11
　3）不登校・中途退学等　11
　4）自殺・教育相談　16
　5）そ の 他　18

2．現代日本の学校における道徳教育の特質 …………… 22
　1）教育の目的・目標と学校教育　22
　2）「道徳の時間」の位置づけと役割　26
　3）「道徳の時間」の担当者と教材　28
　4）「道徳の時間」の評価　34

第Ⅱ章　道徳教育の歴史的経緯 ──────── 37

1．「道徳の時間」の特設 …………………………………… 37
　1）特設をめぐって　37
　2）政治的中立性の問題　38
　3）生活主義・経験主義の問題　39

2．帝国・軍国主義時代の「修身科」…………………… 42
　1）教育勅語　42
　2）国定修身教科書と教員の心得　42
　3）教科書によらない修身教育への試みと衰退　44

3．近代的教育制度の発足と変遷 ………………………… 51

1）「学制」の制定と「修身科」の開始　51
　　2）儒教的価値観の復活と「修身科」の強化　56
　　3）「教科書検定制」の確立と「国定修身教科書」の登場　58

第Ⅲ章　道徳教育の実践に向けて ──── 63

1．諸外国における価値教育の動向 ……………………… 63
　　1）フランス　63
　　2）ド　イ　ツ　67
　　3）イギリス　70
　　4）アメリカ　73
　　5）ヨーロッパ評議会　76

2．道徳教育の指導計画と学習指導案の作成 ………… 78
　　1）全体計画　78
　　2）年間指導計画　80
　　3）学級における学習指導案と学習指導要録　82
　　4）「道徳の時間」の展望　89

＜主要参考文献一覧＞ ──── 95

●参考資料 ──── 99
　（1）　大日本帝国憲法（抄）　100
　（2）　教育ニ関スル勅語（教育勅語）　101
　（3）　日本国憲法（抄）　102
　（4）　第5期国定修身教科書　103
　（5）　第5期国定修身教科書（教師用）　104
　（6）　教育基本法（新旧対照表）　106
　（7）　教育の中立性の維持について／中学生日記欄外記事　108
　（8）　特別支援学校指導要領（平成21年3月告示）抜粋　110

（9）「つくばスタイル科」「つくば次世代型スキル」評価基準
　　　（平成24年度版）　　112
（10）「つくばスタイル科」（キャリア）単元一覧（平成24年度版）
　　　114

第Ⅰ章
道徳教育の現状

1．生徒指導上の諸問題

1）いじめ

　いじめに関しては，1985（昭和60）年度に文部科学省（当時は文部省）が調査を開始して以来，今日に至るまで継続した調査が行われている。その調査によれば，「いじめの認知（発生）件数」は以下の通りである（図表Ⅰ－1）。まずは，この図表をみて分かることについて周囲の人と話し合ってみよう。

　気づいた人もいるかもしれないが，1994（平成6）年度と2006（平成18）年度に「調査対象」や「いじめのとらえ方」に関してそれぞれ見直しが行われている（図表Ⅰ－2）。

　このケースから分かるように，ある事象の推移や傾向性などを継続調査によって把握しようとする場合，表に現れたグラフの数値を単純に比較しただけでその増減を断じることはできない。途中，調査対象や言葉の定義などに関して変更がなされていないかチェックしてみる必要がある。データを参照するときにはまず，調査対象や方法，言葉の定義などを確認する癖をつけておくようにしよう。とくに，いじめは恐喝や暴行など犯罪行為にあたるものから，口論やじゃれ合いといった遊びと区別のつかないもの，さらにはネット上での書き込みなど実態の把握が困難なものまで多岐にわたっており，いじめをどのように定義するかで告発される数も変動してくるような類の問題である。まずは，

図表Ⅰ－1　いじめの認知（発生）件数の推移

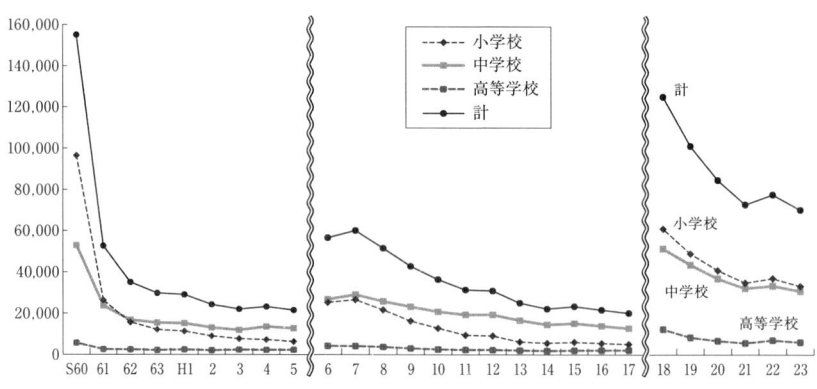

	60年度	61年度	62年度	63年度	元年度	2年度	3年度	4年度	5年度
小学校	96,457	26,306	15,727	12,122	11,350	9,035	7,718	7,300	6,390
中学校	52,891	23,690	16,796	15,452	15,215	13,121	11,922	13,632	12,817
高等学校	5,718	2,614	2,544	2,212	2,523	2,152	2,422	2,326	2,391
計	155,066	52,610	35,067	29,786	29,088	24,308	220,062	23,258	21,598

	6年度	7年度	8年度	9年度	10年度	11年度	12年度	13年度	14年度	15年度	16年度	17年度
小学校	25,295	26,614	21,733	16,294	12,858	9,462	9,114	6,206	5,659	6,051	5,551	5,087
中学校	26,828	29,069	25,862	23,234	20,801	19,383	19,371	16,635	14,562	15,159	13,915	12,794
高等学校	4,253	4,184	3,771	3,103	2,576	2,391	2,327	2,119	1,906	2,070	2,121	2,191
特殊教育諸学校	225	229	178	159	161	123	106	77	78	71	84	71
計	56,601	60,096	51,544	42,790	36,396	31,359	30,918	25,037	22,205	23,351	21,671	20,143

	18年度	19年度	20年度	21年度	22年度	23年度
小学校	60,897	48,896	40,807	34,766	36,909	33,124
中学校	51,310	43,505	36,795	32,111	33,323	30,749
高等学校	12,307	8,355	6,737	5,642	7,018	6,020
特別支援学校（特殊教育諸学校）	384	341	309	259	380	338
計	124,898	101,097	84,648	72,778	77,630	70,231

注1）平成5年度までは公立小・中・高等学校を調査。平成6年度からは特殊教育諸学校、平成18年度からは国私立学校、中等教育学校を含める。
2）平成6年度及び平成18年度に調査方法等を改めている。
3）平成17年度までは発生件数、平成18年度からは認知件数。

（出所）　文部科学省「平成23年度『児童生徒の問題行動等生徒指導上の諸問題に関する調査』について」p.23

図表Ⅰ-2　いじめに関する調査の変遷

調査対象時期	昭和60年度〜平成5年度	平成6年度〜平成17年度	平成18年度〜
調査対象校種	公立小・中・高等学校	公立小・中・高等学校，公立特殊教育諸学校	国・公・私立小・中・高等学校，国・公・私立特別支援学校
調査におけるいじめのとらえ方	①自分よりも弱い者に対して一方的に，②身体的・心理的な攻撃を継続的に加え，③相手が深刻な苦痛を感じているもの，であって，学校としてその事実（関係児童生徒，いじめの内容等）を確認しているもの。なお，起こった場所は学校の内外を問わないものとする。	①自分よりも弱い者に対して一方的に，②身体的・心理的な攻撃を継続的に加え，③相手が深刻な苦痛を感じているもの。なお，起こった場所は学校の内外を問わないこととする。	①一定の人間関係のある者から，②心理的，物理的な攻撃を受けたことにより，③精神的な苦痛を感じているもの。なお，起こった場所は学校の内外を問わない。いじめの「発生件数」を「認知件数」に改める

　上記のような，いじめの定義についてしっかりと理解しておくようにしよう。
　さて，いじめに対してはその有無や件数にかかわらず，いずれの学校においても何らかの取り組みが行われている。文部科学省の2011（平成23）年度の調査によれば，小・中・高・特別支援学校のいずれの学校においても，「職員会議等を通じて，いじめ問題について教職員間で共通理解を図った」という回答がもっとも多く（小89.9％，中90.2％，高80.0％，特別支援61.7％），ついで，小・中学校で「道徳や学級活動の時間にいじめにかかわる問題を取り上げ，指導を行った」という回答が多かった（小88.2％，中88.0％）。一方で，2006（平成18）年に通知された「いじめの問題への取組の徹底について」の「2．いじめを許さない学校づくりについて」には，「いじめる児童生徒に対しては，出

図表Ⅰ－3　2006（平成18）年度調査からのいじめの定義

> 　本調査において，個々の行為が「いじめ」に当たるか否かの判断は，表面的・形式的に行うことなく，いじめられた児童生徒の立場に立って行うものとする。
> 　「いじめ」とは，「当該児童生徒が，一定の人間関係のある者から，心理的・物理的な攻撃を受けたことにより，精神的な苦痛を感じているもの。」とする。
> 　なお，起こった場所は学校の内外を問わない。
> （注1）「いじめられた児童生徒の立場に立って」とは，いじめられたとする児童生徒の気持ちを重視することである。
> （注2）「一定の人間関係のある者」とは，学校の内外を問わず，例えば，同じ学校・学級や部活動の者，当該児童生徒が関わっている仲間や集団（グループ）など，当該児童生徒と何らかの人間関係のある者を指す。
> （注3）「攻撃」とは，「仲間はずれ」や「集団による無視」など直接的に関わるものではないが，心理的な圧迫などで相手に苦痛を与えるものも含む。
> （注4）「物理的な攻撃」とは，身体的な攻撃のほか，金品をたかられたり，隠されたりすることなどを意味する。
> （注5）けんか等を除く。

（出所）　国立教育政策研究所「生徒指導資料 第1集（改訂版）生徒指導上の諸問題の推移とこれからの生徒指導」p.53

席停止等の措置も含め，毅然とした指導が必要であること」といった記述が見られるなど，近年，加害者に対する「出席停止」などの厳罰措置が積極的に講じられる可能性も高まってきている。それに対し，義務教育段階において出席停止の処分を下すには相応の客観的証拠などが求められることから容易に導入できるものではないといった声も上がっており，今後の動向が注目される。この点に関しては，「暴力行為」に対する対応とも関連してくる問題であるため，暴力行為に関する動向・推移について確認した後で，さらに詳しく見ていくことにしよう。

2）暴力行為

　暴力行為に関しては，1982（昭和57）年度に文部科学省（当時は文部省）が「校内暴力」の状況に関する調査を始めており，その後，今日に至るまで暴力行為の発生件数の推移は以下の通りとなっている（図表Ⅰ-4）。ただし，1982（昭和57）年度の状況については器物損壊の発生件数が調査項目にないなど調査項目が他の年度と著しく異なっていることから，表は1983（昭和58）年度以降のデータとなっている。この表から分かることを，前項で学んだ留意点を意識しながら周囲の人たちと話し合ってみよう。

　暴力行為の調査対象や定義に関しては，1996（平成8）年度と2005（平成17）年度に，以下のような変更がなされた（図表Ⅰ-5）。

　さて，例に挙げられているような暴力行為は，最も多い「出席停止」の理由の一つとなっている。先に述べた通り，いじめや暴力行為などの問題行動に対しては今日，厳罰措置を積極的に行使していこうとする方針が強く打ち出されるようになってきている。一方で過度に学校が権限を行使することのデメリットも指摘されている。この問題について各自，「懲戒」や「体罰」の定義や変遷などについて調べ，調べた内容をふまえてこれらの権限を行使することの是非について周囲の人たちとディスカッションしてみよう。国立教育政策研究所生徒指導研究センターがまとめた「生徒指導資料第1集（改訂版）生徒指導上の諸問題の推移とこれからの生徒指導」79頁には1978（昭和53）年から2008（平成20）年までに出された主な通知が紹介されており，その通知のなかに問題行動を起こす児童生徒に対する指導として懲戒や体罰に関する言及なども見られるため参照してみるとよい。インターネット上でも閲覧可能なのでキーワード検索してみよう。

3）不登校・中途退学等

　不登校に関しては，学校基本調査において，年度内に30日以上欠席した児童生徒を長期欠席者ととらえ，その欠席理由を「病気」「経済的理由」「学校ぎら

図表Ⅰ－4　学校内における暴力行為発生件数の推移

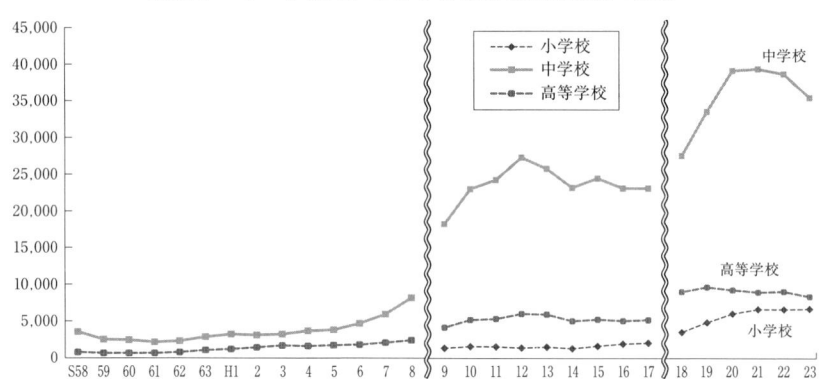

	58年度	59年度	60年度	61年度	62年度	63年度	元年度	2年度	3年度	4年度	5年度	6年度	7年度	8年度
小学校	—	—	—	—	—	—	—	—	—	—	—	—	—	—
中学校	3,547	2,518	2,441	2,148	2,297	2,858	3,222	3,090	3,217	3,666	3,820	4,693	5,954	8,169
高等学校	768	647	642	653	774	1,055	1,194	1,419	1,673	1,594	1,725	1,791	2,077	2,406
合計	4,315	3,165	3,083	2,801	3,071	3,913	4,416	4,509	4,890	5,260	5,545	6,484	8,031	10,575

	9年度	10年度	11年度	12年度	13年度	14年度	15年度	16年度	17年度
小学校	1,304	1,528	1,509	1,331	1,465	1,253	1,600	1,890	2,018
中学校	18,209	22,991	24,246	27,293	25,769	23,199	24,463	23,110	23,115
高等学校	4,108	5,152	5,300	5,971	5,896	5,002	5,215	5,022	5,150
合計	23,621	29,671	31,055	34,595	33,130	29,454	31,278	30,022	30,283

	18年度	19年度	20年度	21年度	22年度	23年度
小学校	3,494	4,807	5,996	6,600	6,579	6,646
中学校	27,540	33,525	39,161	39,382	38,705	35,443
高等学校	8,985	9,603	9,221	8,926	9,010	8,323
合計	40,019	47,935	54,378	54,908	54,294	50,412

注1）平成8年度までは，公立中・高等学校を対象として，「校内暴力」の状況について調査している。
　2）平成9年度からは調査方法等を改めている。
　3）平成9年度からは公立小学校，平成18年度からは国私立学校も調査。また，中学校には中等教育学校前期課程を含める。

（出所）　文部科学省「平成23年度『児童生徒の問題行動等生徒指導上の諸問題に関する調査』について」p.8

図表Ⅰ－5　暴力行為に関する調査の変遷

調査対象時期	昭和57年度～平成8年度	平成9年度～平成17年度	平成18年度～
調査対象校種	公立中・高等学校	公立小・中・高等学校	国・公・私立の小・中・高等学校，中等教育学校
調査における定義	【校内暴力】校内暴力とは，学校生活に起因して起こった暴力行為をいい，対教師暴力，生徒間暴力，学校の施設・設備等の器物損壊の三形態がある。	【暴力行為】(平成19年度の調査においては，次のとおり，説明や例示を調査票に明示している。)「暴力行為」とは，「自校の児童生徒が，故意に有形力（目に見える物理的な力）を加える行為」をいい，被暴力行為の対象によって，「対教師暴力」（教師に限らず，用務員等の学校教員も含む），「生徒間暴力」（何らかの人間関係がある児童生徒同士に限る），「対人暴力」（対教師暴力，生徒間暴力の対象者を除く），学校の施設・設備等の「器物破壊」の四形態に分ける。ただし，家族・同居人に対する暴力行為は，調査対象外とする。 　なお，当該暴力行為によって怪我や外傷があるかないかといったことや，怪我による病院の診断書，被害者による警察への被害届の有無などにかかわらず，次の例に掲げているような行為，内容及び程度等がそれを上回るようなものをすべて対象とする。 ○「対教師暴力」の例 ・教師の胸ぐらをつかんだ ・養護教諭めがけて椅子を投げつけた ・定期的に来校する教育相談員を殴った ○「生徒間暴力」の例 ・同じ学校の生徒同士が喧嘩となり，双方が相手を殴った ・高等学校在籍の生徒2名が，中学校時の後輩で，中学校在籍の生徒に対して暴力を加えた ・双方が顔見知りで別々の学校に在籍する生徒同士が口論となり，怪我には至らなかったが，身体を突き飛ばすなどした ○「対人暴力」の例 ・偶然通りかかった他校の見知らぬ生徒と口論になり，暴行を加えた ・金品を奪うことを計画し，金品を奪う際，通行人に怪我を負わせた ・学校行事に来賓として招かれた地域住民を足蹴りにした ○「器物損壊」の例 ・トイレのドアを故意に壊した ・補修を要する落書きをした ・学校で飼育している動物を故意に傷つけた ・学校備品（カーテン，掃除道具等）を故意に壊した	

(出所)　国立教育政策研究所「生徒指導資料　第1集（改訂版）生徒指導上の諸問題の推移とこれからの生徒指導」p.67

い」「その他」に分けて調査していたが、その後「不登校」という用語が一般的となったため、1998（平成10）年度以降は「学校ぎらい」を「不登校」に改めている。1966（昭和41）年度以降の調査対象の変化は以下の通りである（図表Ⅰ－6）。

図表Ⅰ－6　学校基本調査における「不登校」の調査対象の変化

区分	昭和41年度～平成2年度	平成3年度～平成9年度	平成10年度以降
調査対象	「学校ぎらい」で50日以上欠席した児童生徒	「学校ぎらい」で50日、30日以上欠席した児童生徒	「不登校」で30日以上欠席した児童生徒（平成10年度については50日以上も調査）

(出所)　国立教育政策研究所「生徒指導資料 第1集（改訂版）生徒指導上の諸問題の推移とこれからの生徒指導」p.28

なお、不登校（登校拒否）については、学校不適応対策調査研究協力者会議（平成4年）において次のように定義され、その後の学校基本調査でもこの定義が用いられている。この定義についてもしっかり理解しておくようにしよう。

「何らかの心理的、情緒的、身体的、あるいは社会的要因・背景により、児童生徒が登校しないあるいはしたくともできない状況にあること（ただし、病気や経済的な理由によるものを除く）をいう」

小・中学校における不登校児童生徒数は2011（平成23）年度の段階で、11万7,458人となっており、基礎的・基本的な資質を形成すべき義務教育段階において、このような高い数値が続いている状況は憂慮すべき事態である。同調査によれば、不登校児童生徒数が最も急増するのは中学校1年生の段階であり、例えば2011（平成23）年度のデータでは、小学校6年生で7,522人であった不登校児童が中学校1年生では2万1,895人と、約3倍になっている。さらに、不登校児童生徒の欠席日数について見てみると、ある県では90日以上の長期欠

席者が小学校で46.3%，中学校で58%，180日を超える長期欠席者数だけみても小学校で11.8%，中学校で16.1%にものぼることが確認されており，欠席日数も長期化する傾向にあることがうかがわれる。

なお，「不登校になったきっかけと考えられる状況」に関しては，小・中学校ともに「不安など情緒的混乱」（小33.4%，中24.9%），「無気力」（小22.4%，中24.9%）が高かった。小学校ではついで「親子関係をめぐる問題」（19.8%）や「家庭の生活環境の急激な変化」（10.2%）の回答が多く，中学校では「あそび・非行」（11.6%），「学業の不振」（8.9%）などの回答が多かった。意外にも「いじめ」は小学校1.6%，中学校2.1%とそれほど高くはなかった。しかし，一方で「いじめを除く友人関係をめぐる問題」は小学校10.1%，中学校15.8%と高く，「いじめ」のとらえ方によっては数が動く可能性も考えられよう。

図表Ⅰ-7　不登校児童生徒数の推移

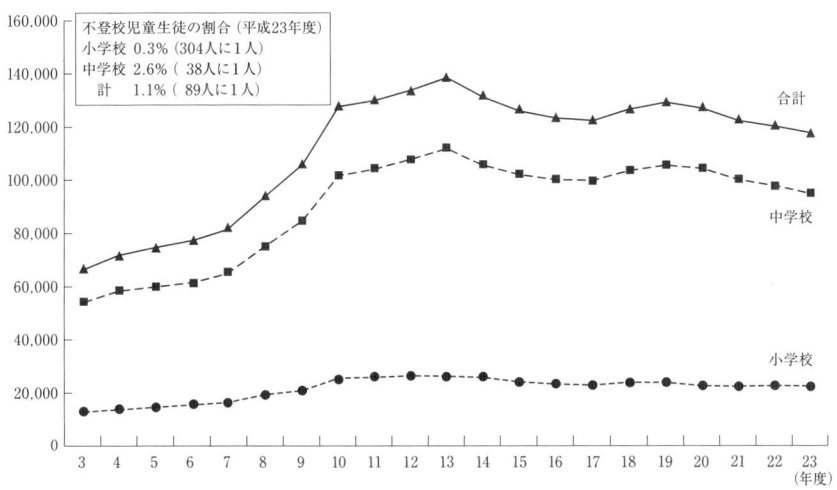

（注1）　調査対象：国公私立小・中学校（中学校には中等教育学校前期課程を含む）。以下同じ。
（注2）　年度間に連続又は断続して30日以上欠席した児童生徒のうち不登校を理由とする者について調査。不登校とは，何らかの心理的，情緒的，身体的，あるいは社会的要因・背景により，児童生徒が登校しないあるいはしたくともできない状況にあること（ただし，病気や経済的理由によるものを除く）をいう。
（出所）　文部科学省「平成23年度『児童生徒の問題行動等生徒指導上の諸問題に関する調査』について」pp.48-49

4）自殺・教育相談

その他，日本における自殺者数は，警察庁の発表によれば，1998（平成10）年から毎年3万人を超えている。年齢が上がるほど自殺率は高くなる傾向があるが，2011（平成23）年度，学校が把握し計上したデータによれば，国・公・

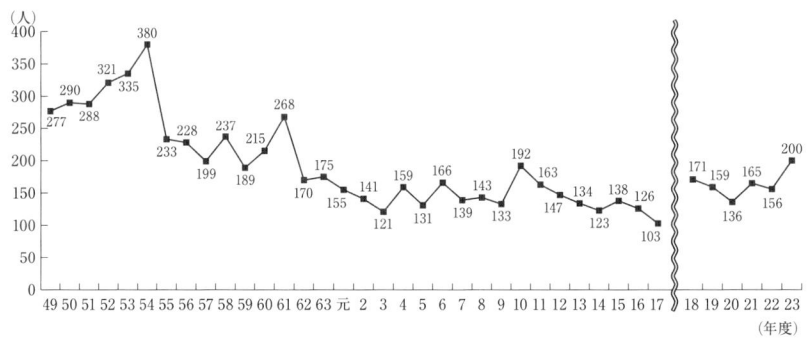

図Ⅰ-8　児童生徒の自殺の状況

（単位：人）

区分	49	50	51	52	53	54	55	56	57	58	59	60	61	62	63	元	2	3	4
総　数	277	290	288	321	335	380	233	228	199	237	189	215	268	170	175	155	141	121	159
小学生	-	-	-	10	9	11	10	8	8	6	12	11	14	5	10	1	5	5	3
中学生	69	79	72	89	91	104	59	74	62	83	66	79	110	54	62	53	35	43	68
高校生	208	211	216	222	235	265	164	146	129	148	111	125	144	111	103	101	101	73	88

区分	5	6	7	8	9	10	11	12	13	14	15	16	17	18	19	20	21	22	23
総　数	131	166	139	143	133	192	163	147	134	123	138	126	103	171	159	136	165	156	200
小学生	4	10	3	9	6	4	2	4	4	3	5	4	3	2	3	0	0	1	4
中学生	40	69	59	41	41	69	49	49	37	36	35	31	25	41	34	36	44	43	39
高校生	87	87	77	93	86	119	112	94	93	84	98	91	75	128	122	100	121	112	157

（注1）　昭和51年までは公立中・高等学校を調査。昭和52年からは公立小学校，平成18年度からは国私立学校も調査。
（注2）　昭和49年から62年までは年間の数，昭和63年以降は年度間の数である。
（注3）　平成23年度総数の内訳は，国立1人，公立157人，私立42人である。
（注4）　学校が把握し，計上したもの。
（出所）　文部科学省「平成23年度『児童生徒の問題行動等生徒指導上の諸問題に関する調査』について」p.80

私立，小・中・高等学校の児童生徒の自殺者は200人で，前年度に比べ44人増加している（図表Ⅰ－8）。

また，2011（平成23）年度の教育相談の主な内容については以下の通りと

図表Ⅰ－9　小学生，中学生及び高校生に関する教育相談件数

区　　分			小学生	中学生	高校生	合　計
来所相談		教育相談件数	14,347	21,351	6,392	42,090
	内数	いじめに関する教育相談件数（件）	247	349	204	800
		総教育相談件数に占める割合（％）	1.7	1.6	3.2	1.9
		不登校に関する教育相談件数（件）	4,230	15,038	2,893	22,161
		総教育相談件数に占める割合（％）	29.5	70.4	45.3	52.7
電話相談		教育相談件数	29,943	35,693	29,443	95,079
	内数	いじめに関する教育相談件数（件）	3,397	3,374	1,549	8,320
		総教育相談件数に占める割合（％）	11.3	9.5	5.3	8.8
		不登校に関する教育相談件数（件）	4,372	9,451	4,425	18,248
		総教育相談件数に占める割合（％）	14.6	26.5	15.0	19.2
訪問相談		教育相談件数	2,046	2,507	561	5,114
	内数	いじめに関する教育相談件数（件）	36	37	3	76
		総教育相談件数に占める割合（％）	1.8	1.5	0.5	1.5
		不登校に関する教育相談件数（件）	747	1,882	140	2,769
		総教育相談件数に占める割合（％）	36.5	75.1	25.0	54.1
巡回相談		教育相談件数	31,871	20,795	208	52,874
	内数	いじめに関する教育相談件数（件）	254	313	9	576
		総教育相談件数に占める割合（％）	0.8	1.5	4.3	1.1
		不登校に関する教育相談件数（件）	1,459	5,502	60	7,021
		総教育相談件数に占める割合（％）	4.6	26.5	28.8	13.3
計		教育相談件数	78,207	80,346	36,604	195,157
	内数	いじめに関する教育相談件数（件）	3,934	4,073	1,765	9,772
		総教育相談件数に占める割合（％）	5.0	5.1	4.8	5.0
		不登校に関する教育相談件数（件）	10,808	31,873	7,518	50,199
		総教育相談件数に占める割合（％）	13.8	39.7	20.5	25.7

（出所）　文部科学省「平成23年度『児童生徒の問題行動等生徒指導上の諸問題に関する調査』について」p.83

なっている（表Ⅰ-9）。

表中の「訪問相談」とは，依頼に応じて訪問して行う教育相談のことをいい，「巡回教育相談」とは，教育相談機関が相談者の便を図り，計画的に公民館等に出向いて相談を受けるものをいう。各件数には，小・中・高等学校に通う児童生徒とその家族による相談のほか，学校に通っていない青少年や教職員などによる相談も含まれている。

5）その他

さらに，国立教育政策研究所生徒指導研究センターの「生徒指導資料第1集（改訂版）」には以下のような項目に関するデータもまとめられている。それぞれ，感じたことや疑問に思ったことなどをメモしておき，あとで疑問点や詳細などについて調べ，それらを周囲の人たちと情報共有，意見交換してみよう。

● 薬物乱用

図表Ⅰ-10　特別法犯少年の送致人員の推移

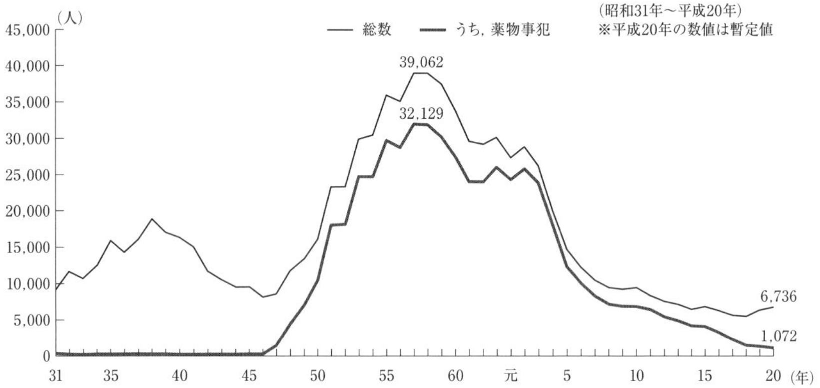

（昭和31年～平成20年）
※平成20年の数値は暫定値

——総数　——うち，薬物事犯

39,062
32,129
6,736
1,072

（注）　特別法犯…刑法犯を除くすべての犯罪（道路交通法等に規定する罪を除く）をいい，条例に規定する罪を含む。
　　　　薬物事犯…覚せい剤取締法違反，麻薬及び向精神薬取締法違反，大麻取締法違反，あへん法違反，毒物及び劇物取締法違反をいう。
（資料）　警察庁「少年非行等の概要（平成20年1～12月）」（平成21年2月），法務総合研究所『犯罪白書』
（出所）　国立教育政策研究所「生徒指導資料 第1集（改訂版）生徒指導上の諸問題の推移とこれからの生徒指導」p.82

図表Ⅰ-11　シンナー等の乱用による中学生，高校生の送致人員

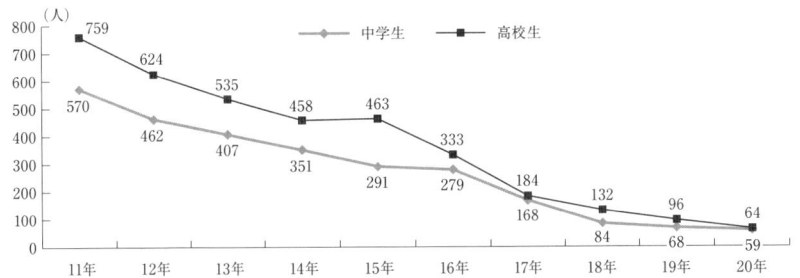

（資料）　警察庁「少年非行等の概要（平成20年1～12月）」（平成21年2月）※平成20年は暫定値
（出所）　国立教育政策研究所「生徒指導資料 第1集（改訂版）生徒指導上の諸問題の推移とこれからの生徒指導」p.85

●犯罪被害等

図表Ⅰ-12　少年の犯罪被害の推移

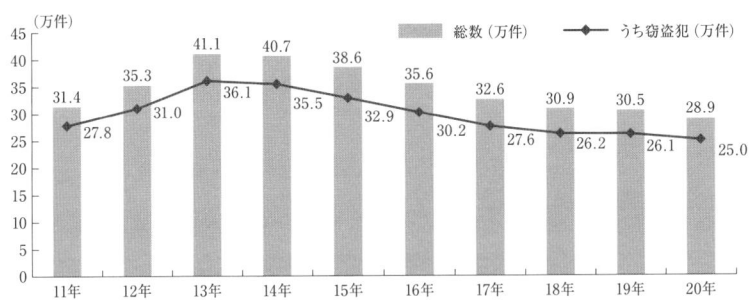

年　次	11年	12年	13年	14年	15年	16年	17年	18年	19年	20年
総数（件）	313,985	352,753	410,507	406,519	385,762	356,426	326,042	309,104	304,685	289,039
凶悪犯	1,600	1,916	2,019	2,138	2,204	1,935	1,668	1,462	1,345	1,230
粗暴犯	17,274	23,487	25,200	24,007	22,833	20,488	18,039	16,784	15,775	14,442
窃盗犯	278,396	309,960	361,445	354,927	328,869	302,233	275,732	261,718	260,560	250,174

（注）　少年が主な被害者となった刑法犯の認知件数。知能犯，風俗犯，その他は省略。
（資料）　警視庁「少年非行等の概要（平成20年1～12月）」（平成21年2月）※平成20年は暫定値
（参考）　包括罪種…上記資料において，刑法犯を次のとおり6種類に分類したもの

包括罪種	罪　　　種
凶悪犯	殺人，強盗，放火，強姦
粗暴犯	凶器準備集合，暴行，傷害，脅迫，恐喝
窃盗犯	窃盗
知能犯	詐欺，横領，偽造，汚職，あっせん利得処罰法，背任
風俗犯	賭博，わいせつ
その他	上記以外の罪種

（出所）　国立教育政策研究所「生徒指導資料　第１集（改訂版）生徒指導上の諸問題の推移とこれからの生徒指導」p.88

●家出

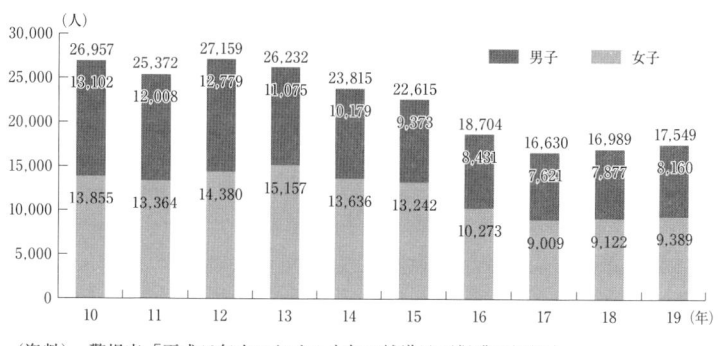

図表Ⅰ－13　家出少年（少女）の男女別の推移

（資料）　警視庁「平成19年中における少年の補導及び保護の概況」

　以上，本章でみてきたごとく，生徒指導上の諸問題に関しては様々な種類の調査が継続して実施されており，子どもたちの道徳性や指導の在り方などについて検討する際の参考資料の一つとなっている。それらは，ともすると理想論ばかりが先行しがちな教育論において，実証的・客観的なデータとして有益な示唆を与えてくれるものと考えられる。一方で，それらのデータの，グラフに表れたかたちだけが先行してしまうと，逆に現代における数値の増加だけが目につき，あたかも社会全体あるいは児童生徒を取り巻く状況そのものが悪化の

●児童虐待

図表Ⅰ-14 児童相談所における児童虐待に関する相談対応件数

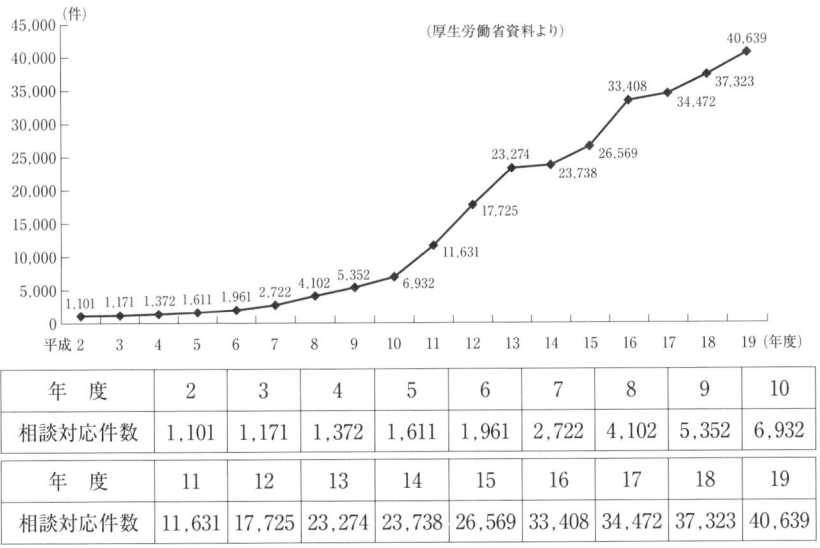

年度	2	3	4	5	6	7	8	9	10
相談対応件数	1,101	1,171	1,372	1,611	1,961	2,722	4,102	5,352	6,932
年度	11	12	13	14	15	16	17	18	19
相談対応件数	11,631	17,725	23,274	23,738	26,569	33,408	34,472	37,323	40,639

(資料) 厚生労働省「福祉行政報告例」,内閣府「青少年白書」(平成20年版)
(出所) 国立教育政策研究所「生徒指導資料 第1集(改訂版)生徒指導上の諸問題の推移とこれからの生徒指導」p.113

一途をたどっているかのごとき印象を受ける。そうした印象論はときとして,教育現場で日夜子どもたちの成長のために身を粉にして,労を惜しまず指導にあたっている教師たちや,それを支える保護者や地域の人たちに対するバッシングという形であらわれてくる。そして,ただでさえ激務のなかで疲労困憊している彼らに追い打ちをかけるのである。

しかしながら,数値の上昇はある意味では教育の成果の表れとみることもできる。いじめや虐待,暴力は,昔なかったものが今日にわかに増えてきているのではない。昔もいじめや虐待,暴力はあったのである。しかし,それらの行為はいじめとして,虐待として,暴力として認識されていなかっただけなのである。啓発されることのない精神には決して問題とされることのなかった行為

が，高度な教育を通して開明されてきた結果として，ようやく問題行動としてカウントされるようになったのである。そういう意味では，皮肉なことだが，今日の教育は成果をあげればあげるほど，それまで見過ごされてきた問題点に光が当てられ，それらが告発されるようになっていくがゆえに数値が上昇していくという現象が起こり得るのである。そのような考えに立つならば，今日，真に必要なのは，単純に数値の低かった時代に対する回顧主義的な論調を繰り返すことではなく，時代とともに獲得してきた人間尊重への眼差しと，そうした眼差しから再定義されてきた観点をこれまでの教育における一つの成果として前向きにとらえた上で，今後，それらの問題を解決するためには何が必要なのか，学校には何かできるのかといった点を考えることである。そのようなことを念頭に置きながら，まずは次節において，現代日本の学校において行われている道徳教育がいかなる特質をもつものであるのか学んでいくことにしよう。

2．現代日本の学校における道徳教育の特質

1）教育の目的・目標と学校教育

　まずは，現在の日本における教育の目的について，教育基本法から確認してみることにしよう。現行の教育基本法は，2006（平成18）年に改訂されたものであり，そこには以下の通り教育の目的・目標が示されている（資料Ⅰ-1）。

資料Ⅰ-1　教育基本法

> （前文）我々日本国民は，たゆまぬ努力によって築いてきた民主的で文化的な国家を更に発展させるとともに，世界の平和と人類の福祉の向上に貢献することを願うものである。我々は，この理想を実現するため，個人の尊厳を重んじ，真理と正義を希求し，公共の精神を尊び，豊かな人間性と創造性を備えた人間の育成を期するとともに，伝統を継承し，新しい文化の創造を目指す教育を推進する。ここに，我々は，日本国憲法の精神にのっとり，我が国の未来を切り拓く教育の基本を確立し，その振興を図るため，この法律を制定する。

第一章　教育の目的及び理念
（教育の目的）
第一条　教育は，人格の完成を目指し，平和で民主的な国家及び社会の形成者として必要な資質を備えた心身ともに健康な国民の育成を期して行われなければならない。
（教育の目標）
第二条　教育は，その目的を実現するため，学問の自由を尊重しつつ，次に掲げる目標を達成するよう行われるものとする。
一　幅広い知識と教養を身に付け，真理を求める態度を養い，豊かな情操と道徳心を培うとともに，健やかな身体を養うこと。
二　個人の価値を尊重して，その能力を伸ばし，創造性を培い，自主及び自律の精神を養うとともに，職業及び生活との関連を重視し，勤労を重んずる態度を養うこと。
三　正義と責任，男女の平等，自他の敬愛と協力を重んずるとともに，公共の精神に基づき，主体的に社会の形成に参画し，その発展に寄与する態度を養うこと。
四　生命を尊び，自然を大切にし環境の保全に寄与する態度を養うこと。
五　伝統と文化を尊重し，それらをはぐくんできた我が国と郷土を愛するとともに，他国を尊重し，国際社会の平和と発展に寄与する態度を養うこと。

　このような，2006（平成18）年の教育基本法に示されている教育の目的・目標をまずはしっかりと覚えておくようにしよう。とくに，2006（平成18）年の改正において，公共の精神の尊重，豊かな人間性と創造性の育成，伝統と文化の継承といった，新たに追記された目標について，しっかり押さえておくようにしよう。また，教育基本法の前文に記されているように，上記の教育目的は日本国憲法の精神にのっとって作成されたものであることから，日本国憲法とくに前文についてもしっかりと読み直しておくようにしよう。さらに，日本国憲法の精神の一つ，「基本的人権の尊重」に関連して，「世界人権宣言」や「子どもの権利条約」などについても理解を深めておくとよいだろう。人権関連の動向は，文部科学省や法務省のホームページなどで詳細をみることができるので，検索して閲覧してみよう。

さて，こうした日本国憲法や教育基本法の理念に基づき，学校教育現場において教えられるべき内容やその指導方法などを具体的に示したのが学習指導要領である。学習指導要領は社会の変化に合わせて適宜，改訂されるものであり，教科書を作成したり，授業計画を立てたりする上で基準とされている。1947（昭和22）年の段階では，「学習指導要領（試案）」という名称であり，教育内容も現場の裁量に委ねられるところが大きかったが，その後，学習指導要領の法的拘束力を認める判例がでるなど，次第にその拘束力は大きくなってきている。今日では学習指導要領について，とくに「強行規定」といわれる文言に関しては，少なくとも公立学校においては，それを義務とする見方が定着している。現行の学習指導要領は2008（平成20）年に示されたものであり，とくに「第1章　総則　第1の2」と「第3章」の部分において道徳教育に関連した内容が記されている。まず「第1章　総則　第1の2」からみていくことにしよう（資料Ⅰ−2）。

資料Ⅰ−2　中学校（小学校）学習指導要領（平成20年告示）

第1章　総則
第1　教育課程編成の一般方針
　2　学校における道徳教育は，道徳の時間を要として学校の教育活動全体を通じて行うものであり，道徳の時間はもとより，各教科，（外国語活動），総合的な学習の時間及び特別活動のそれぞれの特質に応じて，［生徒］（児童）の発達の段階を考慮して，適切な指導を行わなければならない。
　道徳教育は，教育基本法及び学校教育法に定められた教育の根本精神に基づき，人間尊重の精神と生命に対する畏敬の念を家庭，学校，その他社会における具体的な生活の中に生かし，豊かな心をもち，伝統と文化を尊重し，それらをはぐくんできた我が国と郷土を愛し，個性豊かな文化の創造を図るとともに，公共の精神を尊び，民主的な社会及び国家の発展に努め，他国を尊重し，国際社会の平和と発展や環境の保全に貢献し未来を拓く主体性のある日本人を育成するため，その基盤としての道徳性を養うことを目標とする。
　道徳教育を進めるに当たっては，教師と［生徒］（児童）及び［生徒］（児童）相互の人間関係を深めるとともに，［生徒］（児童）が［道徳的価値に基づいた人間

としての］（自己の）生き方についての自覚を深め，家庭や地域社会との連携を図りながら，［職場体験活動］（集団宿泊活動）やボランティア活動，自然体験活動などの豊かな体験を通して［生徒］（児童）の内面に根ざした道徳性の育成が図られるよう配慮しなければならない。［その際，特に生徒が自他の生命を尊重し，規律ある生活ができ，自分の将来を考え，法やきまりの意義の理解を深め，主体的に社会の形成に参画し，国際社会に生きる日本人としての自覚を身に付けるようにすることなどに配慮しなければならない］（その際，特に児童が基本的な生活習慣，社会生活上のきまりを身に付け，善悪を判断し，人間としてしてはならないことをしないようにすることなどに配慮しなければならない。）

※（　）は小学校の場合。［　］は中学校の場合。

2008（平成20）年の「総則」，とくに道徳教育に関する改訂事項としては，以下の点が挙げられる。それぞれのポイントについて各自，本文に下線を引くなどしながらしっかり押さえておくようにしよう。

1．道徳教育の教育課程編成における方針として，道徳の時間の役割を「道徳の時間を要として学校の教育活動全体を通じて行うもの」であるとし，「要」という表現を用いて道徳の時間の道徳教育における中核的な役割や性格を明確にした。
2．児童生徒の「発達の段階を考慮して」と示し，学校や学年の段階に応じ，発達的な課題に即した適切な指導を進める必要性について示した。
3．道徳教育の目標については，2006（平成18）年の教育基本法改正にともなう目標の追記と関連して，新たに「伝統と文化を尊重し，それらをはぐくんできた我が国と郷土を愛し」「公共の精神と尊び」「他国を尊重し，国際社会の平和と発展や環境の保全に貢献し」といった目標を加えた。
4．小学校に関しては，児童が健全な自信をもち豊かなかかわりの中で自立心をはぐくみ，自律的に生きようとすることに大切さを示すねらいから「自己の生き方についての考えを深め」を新たに加えるとともに，発達段階や児童を取り巻く環境の変化を踏まえ，小学校段階で重視すべき豊かな体験として「集団宿泊的活動」を例示に加えた。
5．中学校に関しては，中学校段階における道徳教育の特質として道徳的価

値に裏打ちされた人間としての生き方について自覚を深めることを一層明確にするねらいから「道徳的価値に基づいた」を新たに加えるとともに、特に社会において自立的に生きるために必要とされる力を育てる「職場体験活動」などの豊かな体験や道徳的実践を充実させるように、文言を加えた。
6．小・中学校それぞれの段階において取り組むべき重点を明確にし、各段階における、より効果的な指導が行われるように、文言を加えた。

では、「総則」の冒頭部分、「学校における道徳教育は、道徳の時間を要として学校の教育活動全体を通じて行うものであり、道徳の時間はもとより、各教科、（外国語活動，）総合的な学習の時間及び特別活動のそれぞれの特質に応じて、［生徒］（児童）の発達の段階を考慮して、適切な指導を行わなければならない。」の意味について、もう少し詳しく考えてみることにしよう。

2）「道徳の時間」の位置づけと役割

現在の学校教育は、教科活動と教科以外の活動の、大きく二つの区分から成っている。子どもたちが時間割をみただけでは教科と教科外活動の区別はつかないし、学ぶ機会がなければ通常その違いは意識されることはないだろう。しかし、現在の日本の学校における道徳教育の特質を理解するためにはまず、この位置づけをしっかりと把握することが大切である。そこで、以下、「学校教育法施行規則」を参照しながら、「教科」と教科以外（以下「領域」）について、確認してみることにしよう（資料Ⅰ－3）。

資料Ⅰ－3　学校教育法施行規則2012（平成24）年

第四章　小学校
第二節　教育課程
第五十条　小学校の教育課程は、国語、社会、算数、理科、生活、音楽、図画工作、家庭及び体育の各教科、道徳、外国語活動、総合的な学習の時間並びに特別活動によって編成するものとする。
第五章　中学校

> 第七十二条　中学校の教育課程は，国語，社会，数学，理科，音楽，美術，保健体育，技術・家庭及び外国語の各教科，道徳，総合的な学習の時間並びに特別活動によって編成するものとする。

　このように，これまで学校生活のなかで時間割をみながら漠然と「授業」としてとらえていた活動について，「教科」と「領域」という区別が設けられていることを，まずはしっかりと押さえておこう。その上で，改めて両者の違いがどこにあるのか考えてみよう。「教科」の定義については様々な考え方があるので複数の文献で比較してみるとよい。ここでは差し当たり，「道徳の時間」が「教科」ではなく「領域」に位置づけられていること，ただし，「総則」に示されている通り，「学校における道徳教育」は教科も含めた「学校の教育活動全体」を通じて行うということをよく理解しておこう。

　それでは，「道徳の時間」と「教科」も含めた「学校の教育活動全体」を通じて行われる「道徳教育」は，どのような違いがあるのであろうか。両者はいかなる関係性のもとに置かれるものなのであろうか。学習指導要領の「第3章　道徳」を通して確認してみることにしよう（資料Ⅰ－4）。

資料Ⅰ－4　中学校（小学校）学習指導要領2008（平成20）年告示

> 第3章　道徳
> 　第1　目標
> 　　道徳教育の目標は，第1章総則の第1の2に示すところにより，学校の教育活動全体を通じて，道徳的な心情，判断力，実践意欲と態度などの道徳性を養うこととする。
> 　　道徳の時間においては，以上の道徳教育の目標に基づき，各教科，（外国語活動，）総合的な学習の時間及び特別活動における道徳教育と密接な関連を図りながら，計画的，発展的な指導によってこれを補充，深化，統合し，［道徳的価値及びそれに基づいた人間としての］（道徳的価値の自覚及び自己の）生き方についての自覚（考え）を深め，道徳的実践力を育成するものとする。
> 　　※（　）は小学校の場合。［　］は中学校の場合。

　学習指導要領によれば，「学校の教育活動全体」を通じて行われる教育活動とは，「道徳的な心情，判断力，実践意欲と態度などの道徳性」を養う活動で

あり，それに対して「道徳の時間」は，学校における諸活動を「補充，深化，統合」するもの，「総則」によれば「要（かなめ）」としての働きを担いながら「道徳的実践力」を育成する活動ということになる。一度，これらの関係を分かりやすく図に書き込みながら整理してみよう（図Ⅰ-15）。

さて，「道徳の時間」が「教科」ではなく，「領域」と位置づけられていることと関連した「道徳の時間」の特質とはいかなるところにあるのか，まずは担当者と教材から見ていくことにしよう。

3）「道徳の時間」の担当者と教材

現在の日本の学校における「道徳の時間」の特質について，一つ目は小・中学校ともに「教科担任」ではなく，「学級担任」がこれを担当することになっているという点が挙げられる。「道徳の時間」が特設された1958（昭和33）年の「小学校『道徳』実施要綱」には，「『道徳』の時間における指導は，学級を担任する教師が行うものとする」とあり，その説明として，「これは，児童生徒の実態を最もよく理解しているということ，道徳教育を全教師の関心のもとにおくということ，また道徳教育には，常に教師と児童生徒がともに人格の完成を目指して進むという態度がきわめてたいせつであるということなどによるものである」と述べられている。ただし，現在はこの当時に比べ，「学校全体における指導体制」を確立することがより強く求められてきている（資料Ⅰ-5参照）。

資料Ⅰ-5　中学校における「道徳の時間」の担当者に関する記載の変遷

平成元年	7　道徳の時間の指導は，学級担任の教師が行うことを原則とする。
平成10年	3　道徳の時間における指導に当たっては，次の事項に配慮するものとする。(1)学級担任の教師が行うことを原則とするが，校長や教頭の参加，他の教師との協力的な指導などについて工夫し指導体制を充実すること。
平成20年	3　道徳の時間における指導に当たっては，次の事項に配慮するものとする。(1)学級担任の教師が行うことを原則とするが，校長や教頭などの参加，他の教師との協力的な指導などについて工夫し，道徳教育推進教師を中心とした指導体制を充実すること。

図表Ⅰ-15 教育活動及び「道徳の時間」の役割（上：中学校，下：小学校）

学校の道徳教育（中学校）

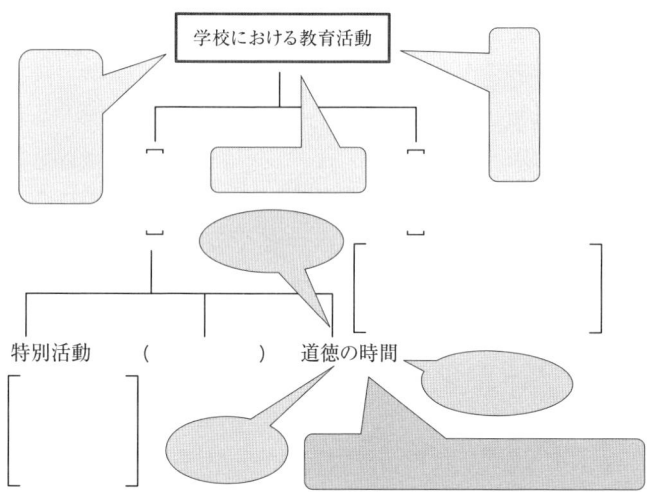

学校の道徳教育（小学校）

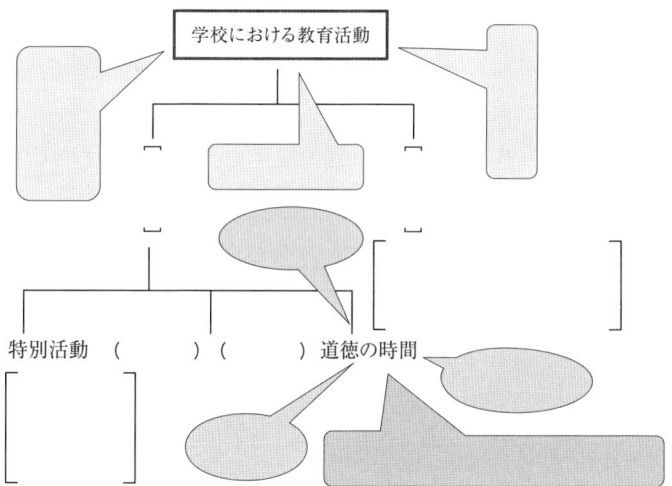

第Ⅰ章 道徳教育の現状　29

とくに，2008（平成20）年の学習指導要領「第3章 道徳 第3指導計画の作成と内容の取扱い」においては，「道徳教育推進教師」を中心とした指導体制の充実が改訂ポイントの一つに加えられており，現在，「道徳教育推進教師」の役割に関心が集まっている。そこで，「道徳の時間」の担当者について，道徳の免許状を発行せず学級担任に委ねていることの利点や問題点について考え，周囲の人たちと意見交換してみよう。また，「道徳教育推進教師」に期待される役割としてどのような働きが考えられるか具体的な活用の仕方についても調べてみよう。

「道徳の時間」の特質として，二つ目は教科書がないという点が挙げられる。しばしば「道徳の時間」で使用する教材を「教科書」と呼ぶ人を見かけることがあるが，これは誤りである。「教科書」の定義は次の通りである（資料Ⅰ－6）。

資料Ⅰ－6　教科書の発行に関する臨時措置法（平成19年）

> 第二条　この法律において「教科書」とは，小学校，中学校，高等学校，中等教育学校及びこれらに準ずる学校において，教育課程の構成に応じて組織排列された教科の主たる教材として，教授の用に供せられる児童又は生徒用図書であって，文部科学大臣の検定を経たもの又は文部科学省が著作の名義を有するものをいう。

したがって，この定義にない教材に関しては学校の授業で読んだ教材であっても補助教材あるいは副読本という位置づけとなる。「道徳の時間」は「教科」ではないため，教授の用に供せられる児童又は生徒用図書であっても，「教科書＝教科の主たる教材」とはみなされない。このことは単なる呼び名の問題にとどまらず，採択までのプロセスや配布・活用義務などの問題にも関係してくる大きな違いである。そこで，つぎに日本の教科書制度の概略について簡単に触れておくことにしよう。

現在，日本の学校教育では，すべての子どもの就学を保障するために，義務教育段階の児童生徒には原則，授業料や教師への給与の一部をはじめとして就学に関わる費用を国の税金からまかなっている。「教科書」は使用が「義務」

づけられているため,義務教育段階の児童生徒には教科書は「無償」で配布されている。そのため,国民の税金によって配布される教科書に関しては,教育の中立性の確保,教育水準の維持・向上といった観点から「文部科学大臣の検定を経たもの又は文部科学省が著作の名義を有するもの」という条件が付されている。日本の教科書検定制度については,「義務教育諸学校教科用図書検定基準」や検定から採択までのプロセスなどに関する詳細が文部科学省のホームページ「教科書制度の概要」で公開されているので,その仕組みや特徴などについて調べて確認してみよう。とにかくここでは「道徳の時間」の教材が「教科書」とは呼ばれず,それゆえ「検定」にかける必要性もないこと,かわりに「無償配布」の対象にもならないことなどをしっかり押さえておくようにしよう。

　さて,このように「領域」としての「道徳の時間」は1958（昭和33）年に特設されて以降,「学級担任」の裁量に委ねつつ進められてきたわけであるが,このような形態で行われる道徳教育の在り方に対しては,スタートからすでに問題点が指摘されていた。1963（昭和38）年,教育課程審議会からは以下のような答申が出されている（資料Ⅰ－7）。

資料Ⅰ－7　学校における道徳教育の充実方策について（抄）1963（昭和38）年

> 二　道徳教育の現状と問題点
> 　小学校,中学校における道徳教育の現状をみると,教師の熱意と適切な指導により,また,地域の協力を得て相当の成果をあげているものもみられるのである。しかし,学校や地域によってはかなりの格差があり,一般的には必ずしもじゅうぶんにその成果をあげているとは云えない。その事由を検討してみると,次のようなことが指摘できる。
> 　（一）教師のうちには,一般社会における倫理的秩序の動揺に関連して価値観の相違がみられ,また道徳教育についての指導理念を明確に把握していない者がみられる。そこで,いわゆる生活指導のみをもって足れりとするなどの道徳教育の本質を理解していない意見もあり,道徳の指導について熱意に乏しく自信と勇気を欠いている者も認められる。また一部ではあるが,道徳の時間を設けていない学校すら残存している。このような状態は,道徳教育の充実に大きな障害と

なっている。
（略）
　三　充実方策
　一）目標内容の具体化
　　道徳の目標や内容について，各学校において指導しやすいようにするため，児童生徒の発達段階に応じた指導の具体的なねらいや重点を一層明確に示すようにする必要があること。
　二）教師用の資料等
　　教師が道徳の指導を有効適切に進めることができるように，教師用の指導資料をできるだけ豊富に提供する必要があること，そのため，この指導資料には，指導の効果を高めるための読み物資料，視聴覚教材の利用その他各種の指導方法をも解説するなど，適切な指導が行なわれるように配慮すること。
　三）児童生徒用の読み物資料
　　道徳的な判断力や心情を養い，実践的な意欲を培うために，児童生徒にとって適切な道徳の読み物資料の使用が望ましい。この読み物資料の内容については，学習指導要領に準拠しているかどうかを適切な方法により確認する措置を講ずるようにすること。

　このように，「道徳の時間」に関しては，スタート段階から学校や地域による格差が問題視されていた。ただし，ここで興味深いのは，「道徳の時間」の不徹底さが必ずしも教師の怠慢，徳育軽視からくるものばかりではなかったという点である。答申では「いわゆる生活指導のみをもって足れりとする」指導観について，「道徳教育の本質を理解していない意見」として一蹴しているが，道徳教育の効果的な指導法に関しては様々な考え方があり，「道徳の時間」を通して行われる道徳教育の効果自体に疑問を感じる者も少なくなかった。この点に関しては「生活指導」の概念をめぐる論争（久木幸男他編『日本教育論争史録』第四巻現代編（下）第一法規，1980年，pp.193-212）などを参照してみよう。先に挙げた「教科」と「領域」の問題にも関連しているので，一読しておくとよいだろう。

　さて，その後，当時の文部省はなかなか思うように進まない「道徳の時間」を何とか充実したものとするために，様々な提言や通達を繰り返していくので

あるが，そのうちの一つに「読み物資料」をはじめとする「教材」の充実が挙げられる。1965（昭和40）年，文部省は「道徳の読み物資料について」を通知し，そのなかで「道徳の読み物資料の具備すべき要件」として「学習指導要領」への準拠をはじめとするいくつかの基準を示した。

　しかしながら，高度経済成長期に入った当時の日本では，経済界からの要請による技術者育成，能力主義の徹底が中心的な政策とされるようになり，受験競争の激化とともに学校では受験科目に多くの時間を割り当てるようになっていく。受験の点数に結びつかない「道徳の時間」をはじめとした「領域」の活動は次第に受験で配点の高い科目の補習に取って代わられるようになる。そうした教育の在り方は1970（昭和45）年代から80（昭和55）年代にかけて教育荒廃といった現象をもたらしたとして反省されるようになる。

　1990（平成2）年代に入ると，それまでの教育が「知育偏重徳育軽視」であったと批判され，「心の教育」の重要性が叫ばれるようになってくる。さらに，1998（平成10）年，中央教育審議会答申「新しい時代を拓く心を育てるために―次世代を育てる心を失う危機―」では，相当数の子どもが道徳の授業を楽しくないと感じており，その要因が「資料のつまらなさ」にあると指摘されたことなどから，「心に響く」教材開発がめざされた。現在の文部科学省のサイトにも「心のノート」や「道徳教育関係資料」やその「活用例集」などが閲覧，活用しやすいかたちで提供されているため，一度参照しておくとよいだろう。

　とくに，「心のノート」に関しては，積極的な活用が叫ばれると同時に，多くの問題点も指摘されており，昨今の心理主義ブームに対する批判的見解も少なくない（巻末の主要参考文献一覧参照）。推奨されている資料等に関しては，それらの資料を安易にそのまま活用するのではなく，内容や活用方法などについて自分自身で検討し，できるだけ生き生きとした実践となるよう創意工夫したり，新たな教材を開発，発掘したりしていこうとする姿勢が大切である。

4)「道徳の時間」の評価

「道徳の時間」の特質として,三つ目は「数値」による評価は行わないという点が挙げられる。学習指導要領の「第3章 道徳編」,「第3 指導計画の作成と内容の取扱い」には以下(資料Ⅰ-8)の記載がみられる。

資料Ⅰ-8　中学校(小学校)学習指導要領2008(平成20)年告示

> 第三章　道徳編
> 第三　指導計画の作成と内容の取扱い
> 5　[生徒](児童)の道徳性については,常にその実態を把握して指導に生かすよう努める必要がある。ただし,道徳の時間に関して数値などによる評価は行わないものとする。
> ※ ( )は小学校の場合。[ ]は中学校の場合。

また,道徳教育における評価の基本的態度に関しては,以下のようにまとめられている(中学校資料Ⅰ-9,小学校資料Ⅰ-10)。

資料Ⅰ-9　中学校学習指導要領解説(道徳編)2008(平成20)年告示

> 第八章　生徒理解に基づく道徳教育の評価
> 第二節　道徳性の理解と評価
> 1　評価の基本的態度
> 　生徒の道徳性については,道徳教育の目標や内容に照らして,どの程度成長したかを明らかにすることが大切である。そのためには指導前や指導後の生徒の実態の把握に努め,確かな生徒理解に基づく道徳性の評価を心掛ける必要がある。その際,生徒一人一人の人格を,その全体像において理解することが大切である。
> 　道徳性の理解を助ける資料等に基づいて,生徒の道徳性について判断し,評価するのは教師である。したがって,常に生徒の立場に立って生徒を受容し尊重する共感的な生徒理解を心掛けるとともに,生徒の道徳的な成長の姿を温かく見守り,よさを認め励ましていく教師の姿勢が大切である。
> 　あくまでも生徒の道徳性の評価は,生徒が自らの人間としての生き方についての自覚を深め,人間としてよりよく成長していくことを支えるためのものである。

資料Ⅰ-10　小学校学習指導要領解説（道徳編）2008（平成20）年告示

第八章　生徒理解に基づく道徳教育の評価
第二節　道徳性の理解と評価
1　評価の基本的態度
　道徳性は，児童の人格全体にかかわり，人間性が表れたものである。したがって，その理解や評価においては，きわめて慎重な態度が求められる。もちろん教師には，偏見や独断によらず，児童の道徳性をできるだけ正確に理解し評価する目を養うことが要求されるが，いくつかの調査の結果を過信して，児童の道徳性を客観的に理解し評価し得たかのように思い込むことは厳に慎むべきである。それらの調査の結果もまた，教師と児童の関係によって左右されるものだからである。
　教師にとって最も重要なのは，児童は一人一人がよりよく生きる力をもっているという信念と，児童の成長を信じ願う姿勢をもつことである。そして，教師自らが心を開き，児童と心と心の触れ合いをもとうと努めることである。児童一人一人がもつよりよく生きる力を信じ，そのような存在としての児童を無条件に尊重し，受容する関係の中で，児童が自己のよりよい生き方を求めていく力は存分に発揮される。
　また，その際大切にすべきことは，児童自身が自己の姿をどのように理解し，自己のよりよい生き方を求めていく意欲や努力をどのように評価しているのかを児童の立場に即して理解しようとすることである。そうすることで，児童の意欲や努力をその内面から支えていくことが可能になるからである。
　道徳性の理解は，このような教師と児童の心の触れ合いの中でなされる共感的な理解によるべきである。後に述べる様々な道徳性の理解や評価の方法によって得られたものも，こうした共感的な理解を豊かなものとする資料として位置づけられる。

　ここで示されているように，「道徳の時間」をはじめ児童生徒の道徳性に関する評価については，あくまでも児童生徒がよりよい生き方を求め，自覚し，成長していくことを支えるためのものとしてとらえられるべきであり，不用意に数値化したり，調査結果などを過信したりするような態度は厳に慎むべきことと考えられている。そのため，道徳教育における評価は，その様式に関して

も，他の教科のように1～5段階の「評定」をつける欄は設けられておらず，「行動の記録の評価項目及びその趣旨」に基づきながら，特に評価に値すると思われる項目に関して，「○」を記入するほか，指導上必要があれば，「総合所見及び指導上参考となる諸事項」に文章化して記録することになっている。道徳教育における評価の様式に関しては，第Ⅲ章第2節の3）「学習指導要録（参考様式）」を参照のこと。

　なお，評価の方法について，道徳性を理解し評価するための特別な方法というものがあるわけではないが，資料収集の方法に関しては，学習指導要領解説（道徳編）に「ア．観察による方法，イ．面接による方法，ウ．質問紙などによる方法，エ．作文やノートなどによる方法，オ．その他」といった方法が挙げられている。これらの方法は「一長一短あるので，それぞれの特徴を生かして幾つかの方法を併用することが望ましい」とあるようにそれぞれ特性があるので，よく確認しておくようにしよう。そして，先に見た道徳教育における評価の意義や基本的態度を踏まえ，これらの特徴を十分理解した上で，多方面から総合的に判断しようとする姿勢を忘れないようにしよう。

　さて，本章で見てきたような現在の日本の道徳教育の在り方について，とくにその特質に対しては，今日，これでは不十分ととらえる向きが強くなってきている。例えば，道徳に教科書がないことについては，内容の偏りのほか，教職員や保護者の間で連携がとりにくいことや学習者の手もとに残らないことなどが指摘され，2002（平成14）年，文部科学省が義務教育段階の全児童生徒に対する「心のノート」の配布が開始された。また，学級担任が道徳を担当することに関しても，指導体制の強化という点から2008（平成20）年，「道徳教育推進教師」が位置づけられた。今日，「道徳の時間」の教科化を求める動きも活発化してきている。教科化を求める動きはこれまでも度々出てきたが，その都度，強い反対の声があがり見送られてきた。そこで，次章ではそもそも「道徳の時間」がなぜ，このような特質を有することになったのか，なぜ，それは容易く教科化することにならないのか，といった問題について，歴史的な経緯を遡ってみていくことにしよう。

第Ⅱ章
道徳教育の歴史的変遷

1．「道徳の時間」の特設

1）特設をめぐって

　「道徳の時間」が現在のような位置づけで行われるようになったのは1958（昭和33）年のことであるが，道徳に特化した独立した一つの時間枠を設けようとする動きをめぐっては当時から様々な問題点が指摘されていた。例えば，1957（昭和32）年，日本教育学会政策特別委員会が明らかにした「道徳教育に関する問題点（草案）」には，道徳に特化した独立した一つの時間枠を設けた際の問題点として，以下のような点が挙げられている（図表Ⅱ－1）。

図表Ⅱ－1　道徳教育に関する問題点（草案）

≪政治過程との関連において≫
・近代民主主義政治のもと，個人の自由と良心の問題である道徳とその教育について，公権力が一定の方向づけや枠づけをすることは，それこそ教育の中立性をおかすものである。／上からの道徳教育強化論は，歴史上幾度も繰り返されてきたが，美辞麗句とともに行われてきたそれらの行為は，必ず国民の生活を抑圧し苦しめた。／この問題の審議過程は性急かつ不透明なものであり，国民大衆の意見を反映させるだけの十分な時間も透明性も有していない。／国民道徳を高めるために政府は，学校の教育課程をいじるより先に，社会生活の安定や健全化，教師が健全に教育の仕事に専念できるような条件整備など，他にしなければならな

いことが沢山あるのではないか。／時間特設とはいえ，時間および内容を示そうとする以上，教科に等しく法改正を必要とするはずであるにもかかわらず法網をくぐるやり方で強行するのは問題がある。

≪学校教育との関連において≫
・道徳教科を特設することは，結局，道徳教科が全教育課程を拘束することとなり，全体のバランスを不自然に崩すことにつながる。／具体的な社会理解や生活問題から切り離された抽象的徳目や道徳的文化財を教えることは，時代錯誤であり，政治や経済の要求に無批判に追随する人間を育成しかねない。／道徳と切り離された場合，これまで日本社会の民主化のための中核的な教科として近代的な人間の育成を基本線としてきた社会科は，その本質を失わずにいない。／その内容がたとえ民主的な徳目であったとしても，断片的抽象的に与えられる方法では，人間らしい実感や自主的な判断力を消失した人間を育成するだけである。／道徳を独立した時間の中で担当する教師は，模範的人間として振る舞うことが要求されるため，教師と子どもの温かい人間的な関係が損なわれる恐れがある。／政治の介入は教師の自由で自主的な研究を阻害するおそれがつよく，自由と自主的研究，判断を放棄した教師に，はたして本当の道徳教育を行うことができるか疑問である。

(出所) 久木幸男他編『道徳教育論争史』第四巻現代編（下），第一法規，1980年

しかし，文部省（現：文部科学省）は1958（昭和33）年，「道徳の時間」の特設をなかば強行に推し進めていった。そこには「公教育の中立性」をめぐる問題があった。

2）政治的中立性の問題

戦後，日本は一貫して「非軍事化」，「民主化」路線を推進してきたが，終戦からわずか5年で，米ソ間の緊張が高まってきたことから，一転して「反共防衛」体制の強化が求められるようになった。1950（昭和25）年には現在の自衛隊の前身である「警察予備隊」が創設され，次いで翌年，1951（昭和26）年には「日米安全保障条約」の調印が行われた。こうした，いわゆる政治的「逆コース」のなかで当時の文部大臣，天野貞祐（1884-1980）は教育改革構想とし

て，1)「国旗，国歌」の普及・徹底，2)「愛国心」教育の徹底，3)「修身科」の復活を提言した。しかしながら，この段階ではまだ「修身科」時代における教育への反省がなされたばかりだったこともあり，文部省も「道徳教育のための手引書要綱」において，道徳を独立した一つの教科として設けることは，戦前の修身教育へ逆戻りしてしまう危険性があり，慎重になる必要があるといった見解を示していた。こうして戦後しばらくは，この手引書要綱に記されている「道徳教育は，学校教育の全面において行うのが適当」との文言から，「全面主義的道徳教育の時代」と呼ばれる時期が続いていた。

ところがその後，多くの「偏向教育事件」をきっかけに再び教育の政治的中立性（当時は「反共防衛」）の観点から教育の在り方を見直さざるをえない状況となった。例えば，「偏向教育事件」のひとつとして「山口日記事件」が挙げられる。当時，問題となった中学生徒日記欄外記事の八月の記事「原爆」の最後には，「うまい事を言って，日本人を…いや僕たちまでが朝鮮戦争や外国の戦場に命をささげる事のないよう用心しなければなりません」と記載されていた。このような内容に対し，文部省はこれを「教育の中立性」に欠く指導とみなし，以下のような通達を出すとともに，「教育の中立性」が保持されていない事例の調査を本格的に開始した（巻末資料(7)参照）。また，当時は類似した事例は全国に数多く報告されていた。他にどのような事例が教育の中立性に欠く偏向教育とみなされたのか調べ，公教育における中立性の問題について改めて考えてみよう（巻末の主要参考文献一覧参照）。ここではさらに，第二次世界大戦後から「道徳の時間」特設までの期間，学校における価値教育がどのように展開されていたのか確認していくことにしよう。

3) 生活主義・経験主義の問題

第二次世界大戦後，帝国・軍国主義的な臣民精神を涵養するのに甚大な影響を及ぼしてきた「修身科」「日本歴史科」「地理科」にかわって，「公民的資質」を育成するものとして新設されたのは「社会科」であった。しかし，この「社会科」を中核とした公民教育は十分な評価を得ることのないまま変革を余儀な

くされるようになっていく。先に挙げたような政治的「逆コース」の流れももちろんあったが、もうひとつ理解を得ることが難しかった原因の一つに、戦前と戦後の学力や道徳観における価値観の大転換という問題があった。「社会科」において目指された資質とは、子ども自身が生活のなかで切実な問題にあたった際に発揮される、いわば「問題解決的」な能力であり、子どもたちの日常生活における経験や自発的活動を重視するものであったため、従来と同じ観点・方法では評価されにくい面を有していたからである。当時の「公民教師用書」の「まえがき」をみると、戦前と戦後の価値観がどのように変わったのか、またいかなる点において両者が対立していったのかがよくわかる（資料Ⅱ-1）。

資料Ⅱ-1 「公民教師用書」まえがき

> 　実際にはわが国の社会生活も種々の点で近代化し、変化して来た結果、古い社会の道徳意識そのままでは、国民生活の現実には適合しないところが多くなってきたにもかかわらず、道徳教育の根本の方向には変化が無く、依然として上から徳目を教え込むという指導が跡を絶たなかった。そこでこの教育は観念的にとどまり、たとえば「考」という徳目を指導する際に、多くの場合、それを具体的な社会生活の全体から切り離し、古い例話を用いて、その徳目にしたがう個人の心術だけを作り上げようとする傾向があった。したがって、その結果は道徳教育が一般に抽象的、観念的になり、親子の間を具体的な社会生活の中で正しく合理的に処理していくこと、すなわち、考を現実の生活の中で、具体的に合理的に実現していくことにおいては、指導に欠けるところが多かった。都会のアパート住まいの子どもに、昔の農家の子どもの考の例話によって指導を行っても、そこでは道徳は観念の問題にとどまり、生活の問題とはならない。そのために道徳は生活の力とはならないで、言葉や観念に終わり、子どもは考の大切なことを観念において知っていても、現実に具体的に正しい親子の関係を成り立たせることができないことが多い。また、美風としてその説くところの家の生活というものも実は古い社会のそれを理想化したものであり、現実の家の生活との間にくいちがいが多く、そのためにかえって、家族のためのみをはかるという一種の家の利己主義が横行し、そういう行為が社会生活の正常な発展の妨げになるという結果さえ見られた。そこで、もっと現実の社会生活に即した指導が要求されるのである。
> 　また、従来の極端に国家主義的な教育方針の結果、道徳の向かうところもまた一律に国家目的の実現というふうに考えられた。そこで結局道徳教育が人間の基本的権利及びその生活条件を無視するような傾きもみられるようになった。国家

は個人をその一点とする共同体なのだから，個人と国家との繋がりは，もちろん重く見られなくてはならない。しかし，国家は各個人が協力して公共の善のために尽くすことができるために必要な共同体であるということを教えることが大切である。かつては，国家は至上のものとされたので，国家目的の実現のためには，個人の人間性やその現実の生活さえも無視されるようなことにもなったのである。したがって，国家目的実現のためには実際生活にそぐわない無理な要求がなされ，その結果，かえって，表面だけをつくろうような偽善的な傾向を生み，生活自身は少しも改善されないことになりがちであった。個人の人間性を無視する画一主義，むなしい形式主義がそこから生じて，あたかも道徳教育全体が迂遠な空疎な教育であるかのような批評も聞くようになったのである。（略）
　今，日本の平和的民主的国家としての再建を望み見るとき，その事業の大半は教育に委ねられているといっても過言ではない。それは国民一般の生活の再建が教育によってはじめてその礎が置かれるからである。しかも，この国民教育の再建の可否は，その根本を考えるとき，社会科の教育の成否如何にかかっているといってよい。職業教育も，その根底において，真の意味での公民，すなわち公正と自由と寛容との精神を愛する国民の育成を基としてこそ，その意味を持つことができる。これを思えば，公民科を含む社会科の教育はすべての教育の基本であり，或いは教育そのものであるとさえもいえるであろう。この教育の任に当たる教師の責任は極めて大きいといわなくてはならない。

（文部省『中等学校・青年学校　公民教師用書』大日本印刷，1946年，p.3）

　以上のごとく，戦後，求められたのは単なる方法論の改善といった問題などではなく，まさに価値観・道徳観の大転換だったのである。しかしながら，こうした価値観・道徳観の大転換は数年で普及・徹底するような類のものではない。民主主義に対する理解の不徹底から，当時の教育は「はいまわる経験主義」と揶揄され，とくに思弁的な道徳観を是とする保守層から多くの批判を受ける結果となるのである。そこで，「公民教師用書」の「まえがき」でも厳しく糾弾され反省されるところとなった「現実の生活と乖離した徳目主義的な教育」，「国家至上主義的な目的論によって個人の人間性を無視した教育」というものが一体いかなるものであったのか，改めて詳しく見ていくことにしよう。

2．帝国・軍国主義時代の「修身科」

1）教育勅語

　第二次世界大戦終結後その効力の失効が確認されるまで，日本の教育の根本原理として臣民を規律し続けた詔勅が「教育ニ関スル勅語」（「教育勅語」）である（巻末資料(2)参照）。教育勅語は1890（明治23）年，天皇陛下直々の言葉として発表されたものであり，その内容は大きく次の三つに集約される。

　まず，日本建国の由来と歴史が神話的に説かれており，天皇の徳化と臣民の忠誠が日本の国体であり，教育の淵源であると語られている。そして，それらの国体を維持する上で，忠良の臣民が身につけるべき道徳性として，「孝行」「友愛」「夫婦の和合」「遵法」「義勇奉公」といった12の徳目が挙げられている。さらに，これらの教えが祖先から代々継承されてきたものであり，歴史的にも国際的にも正しく，普遍性を備えたものであることが強調されている。

　12の各徳目に関していえば，今日の学校教育においても重要視されている項目も見て取れるが，教育勅語に示されている徳目は，それらの道徳性がみな，最終的には「天壌無窮の皇運を扶翼」するために備えるべきものとされている点において，今日の目的とは全く質を異にするものであった。教育勅語においては，日本人は「国民」でなく「臣民」と呼ばれているが，これは基本的にはこの詔勅が「主権在君」の考え方を基底として書かれているからである。当時の大日本帝国憲法や教育勅語を日本国憲法や教育基本法と比較してその共通点と相違点について考えてみよう（巻末資料(1)(2)(3)(6)参照）。

2）国定修身教科書と教員の心得

　第二次世界大戦終結後，「修身科」が停止され教科書が回収されるまで，日本の修身科において使用が義務付けられていたのが，「国定修身教科書」である。国定修身教科書は時代の変化に応じて四回の改訂を経て，全部で五期まで

作成されている。各時期における教科書の特徴とその変遷は以下の通りである。
(一部，巻末資料(4)(5)参照) ほか，巻末の主要参考文献一覧参照

第一期〔1904(明治37)年～1909(明治42)年〕
第一期が作成された頃は，日清戦争の勝利によって国内が活気づいていた時期でもあり，近代的な産業が普及し始めた頃でもあったせいか，「勤勉」，「職業選択の自由」といった近代職業倫理的な価値を含む資料が多く見られる。なお，これらの内容に対しては，「功利的で，外国人の登場が多く，日本人に固有の道徳形成には不十分である」といった批判が存在していた。

第二期〔1910(明治43)年～1917(大正6)年〕
第二期が作成された頃は，日露戦争による戦後恐慌に陥り，国内に虚無感・倦怠ムードが漂っていた時期でもある。また，明治維新後，欧米的な生活様式が流行し，功利的な価値観に対する日本固有の道徳形成を説く論調も起きたことから，この時期の資料には国家の絆を強調するような資料や，「忠君愛国」といったナショナリズムを感じさせるような資料が多く見られるようになってくる。

第三期〔1918(大正7)年～1933(昭和8)年〕
第三期が作成された頃は，大正デモクラシー，啓蒙的な考え方がふたたび国内に流行した時期であった。第二期の資料に対しても「題材の多くが江戸時代から採られており，現実の児童生活との接点を求め難い」，「忠孝観点も武士的・軍事的・時局的なものに偏して，平和裏に，国際協調的な観点から述べられているものが少なく，その忠孝観念が極めて窮屈である」といった啓蒙的な批判を展開する者たちが少なくなかった時代である。そのため，この時期の資料には第二期のナショナルな資料とデモクラティックな資料の両方が混在して見られる。

第四期〔1934(昭和9)年～1940(昭和15)年〕
第四期が作成されたころは，治安維持法が制定され，国内にファシズムが台頭してきた時期にあたる。そのため，この時期の資料には国内の秩序維持・統一性をはかるべく，天皇を中心とする家族主義的国家観を説いた資料が多く見られる。

第五期〔1941(昭和16)年～1945(昭和20)年〕
第五期が作成された頃は，第二次世界大戦という非常事態を目前に控えていたため，この時期の資料はもっぱら国内の士気意識を高め，戦意を高揚させる資料ばかりが集められている。なお，第五期の国定修身教科書は「尋常小学修身書」ではなく「初等科修身書」と「ヨイコドモ」となっている。これは「尋常小学校」という名称から「国民小学校」へと名称が変更されたためである。

その他，当時は1881（明治14）年に制定公布された「小学校教員心得」というものが教師のあるべき姿を既定していた。その心得とは，生徒に「皇室に忠にして国家を愛し父母に孝にして」といった儒教的価値観と愛国心を涵養すべく努めることであった。こうした教育の在り方に対し，国内には1897（明治30）年あたりから様々な批判が見られるようになっていた。現場に定着しつつあった一斉教授法は教育の画一化という観点から多くの批判を招いた。また，多くの師範学校で実施されていた「人物査定法」―生徒を卒業時，優等生，普通生，劣等生に区別して，その区別をそのまま教員の給与に反映させるというやり方―は，いわゆる「師範タイプ」という教師像を多く生み出してしまった。すなわち，真面目，実直，親切といった長所を持ち合わせる反面，内向的，融通がきかないといった否定的な意味合いを含む教師像である。こうした当時の教育の在り方に疑問をもっていた者たちが，欧米の新教育思想に共鳴し，師範学校附属小学校や私立小学校を中心に大正新教育運動とよばれる新しい教育実践を展開するようになっていく。それらは皆，教科書によらないユニークな修身教育の創造・実践をめざしたものであった。

3）教科書によらない修身教育への試みと衰退

ここでは，教科書によらないユニークな修身教育の取組みとして，大正新教育運動，白樺派教師たちと学級文庫，生活綴方による実践の三つを見ておくことにしたい。

【大正新教育運動】

大正新教育運動の代表的なものとしては，例えば，兵庫県明石女子師範学校附属小学校における及川平治（1875-1939）の「分団式動的教育法」，奈良女子高等師範学校附属小学校における木下竹次（1872-1946）の「合科学習」，千葉県師範学校附属小学校における手塚岸衛（1880-1936）の「自由教育」などが挙げられる。また，私立小学校では，羽仁もと子（1873-1957）の「自由学園」，沢柳政太郎（1865-1927）の「成城小学校」，野口援太郎（1868-1941）や下中弥三郎（1878-1961）の「池袋児童の村小学校」などの実践も有名である。

大正新教育運動は，1921（大正10）年頃にもっとも隆盛期を迎えたとされ，この時期開催された「八大教育主張講演会」には5,000名近くの参加希望者があったという。これらの実践は各々がユニークな道徳教育の創造・実践をめざしているがゆえに極めて多様な内容を有した運動である。それゆえ，それらの活動の一つひとつに異なる理論や主張がみられ，すべての特徴を挙げるわけにはいかない。ここでは及川平治の「分団的動的教育法」を，例として取り上げるが，その他の理論や実践についても調べておこう（巻末の主要参考文献一覧参照）。

　兵庫県明石女子師範学校附属小学校の主事として教育の実践研究に意欲的に取り組み，「八大教育主張講演会」の講演者ともなった及川平治の理論は『分団式動的教育法』(1912)にまとめられているが，及川理論に基づく道徳教育の実践は1915（大正4）年に発行された『分団式動的各科教育法』(1915)からみることができる。

　及川理論に基づく実践は次のような特徴を有している。第一に，「教育の題材」を「教科書」からではなく，自己経験や学友といった「子どもたちの実生活」から取り出していること，第二に，病気の学友を見舞う，見舞品を贈るといった「本時の教育内容」が「教師の側」からでなく，「子どもたちの側」から出てきたものであること，第三に，「授業の展開」が「教師の説話」ではなく，「図画帳を作成する時間」に費やされていること，である。

　及川はこの実践を紹介した最後の訓辞において次のような持論を展開している。それは，当時の修身教育が，たとえ学級に病欠の子が出たとしても，それを「修身の題材」にするようなこともせず，ただ「子どもの欠席理由と出席表のチェックだけ」に止まっているような教師たちが，「教科書から取り出した題材」でもって「子どもたちの実際生活に縁遠い訓辞を蝶々する」ので，何の効用も期待できないものとなってしまっていること，もっと「子どもたちの実生活」から「題材」をとりだし，「子どもたちの発言によって授業を展開していく方法」で「動機と行為の連合した道徳教育を行うべき」ということである。

　しかし，及川の実践では，「修身科」の多くの時間が「図画，手工，綴方」

といった作業に費やされており，その活動は当時のいわゆる「師範タイプ」の人間からみれば，脱線，逸脱した授業にしか見えなかった。だが，及川はこれらの作業は病気の友人を思いやる気持ちが発露した結果としての行為であり，道徳的な動機と行為の連合が認められるこれらの実践は「修身教育」であると自負していた。

こうした「教科書」にとらわれない道徳教育の在り方に関して，成城小学校を創設し自らもその校長を務めた沢柳政太郎においても同様の見解がみられる。彼は及川より一層革新的であり，『実際的教育学』(1909)において「徳性を涵養すると云ふことは決して修身科のみに依るべきものではない」と述べ，1年生から3年生までのカリキュラムから「修身科」を削除してしまった。さらに，「教科書」や「修身科」の枠を超えた方法によって道徳教育を実践しようとする「白樺派」教師たちの活躍もみられた。

【「白樺派」教師と学級文庫の創設】

1910 (明治43) 年，大正新教育運動が始まる少し前の時代から，文壇では，武者小路実篤 (1885-1976)，志賀直哉 (1883-1971) ら文学者グループによって結成された「白樺派」が，人間の生命賛歌，理想主義，人道主義，個人主義に立った作品を作り出していた。彼らの人間の生命に対する想いは強く，それは例えば乃木将軍夫妻が天皇の後を追って自殺するという事件とそうした行為を称賛する当時の時代的風潮に不快感をあらわにしている姿勢からもうかがわれる。「人の生命は貴い。しかし自分の生命は更に貴い」。白樺派がこのようにエゴイスティックなまでに人の命に固執していく背景には，当時，乃木神話が形成されようとしていく国民思想の趨勢があった。彼らはそうした時代的潮流に抗い，国家的価値を否定し，人間の生命を高らかに謳うことによって人類的価値を貫徹しようとしていた。そうした白樺派文学の影響は当時の教師たちにも及んでいる。

いわゆる「白樺派」といわれる教師たちは，自らの給与をはたいて学級文庫をつくり，そこに武者小路実篤や島崎藤村 (1872-1943)，夏目漱石 (1867-1916) といった邦人の小説から，トルストイ (1817-1875)，ドストエフスキー

(1821-1881),『ロビンソンクルーソー』といった海外の翻訳本に至るまで取りそろえ，子どもたちにそれらを国定教科書のかわりに読ませていた。彼らの教育を受けた子どもたちはそれまでの画一的な教育とのあまりの違いに最初こそ戸惑いをみせたものの，国定教科書以外の世界に無心に魅了されていったようであり，彼らが子どもたちに与えた感化，影響力の大きさははかりしれない。それは当時，国定教科書に登場するような人間像が国家的徳目を普遍的価値として押し出そうとする政府の虚像であることを見抜かせる可能性をもっていた。ただ，従来の授業のように時間割も定めず，子どもたちのやりたいことをさせ，読みたいものを読ませるといった彼らのスタイルは一見して野放図とも受け取られかねないものであり，当時の父母一般からしてみれば，気まぐれで独善的な教育にしか見えなかったのであろう。次第に強化されていく思想統制のなか，彼らは地域の十分な支援も得られぬまま，教壇から去ることになる。

　さて，彼らよりも大きな広がりと展開をみせた実践が芦田恵之助（1873-1951）から始まる「生活綴方」による道徳教育実践である。

【「生活綴方」による道徳教育実践】

　芦田は大正から昭和にかけて活躍した国語教育家であるが，子どもたちの内発的動機に基づかない学習の在り方を批判し，教材よりも児童の側に眼をむけるべきであることを強く訴えた。当時，ある陸軍の高官が二十歳になって青年が受ける学力試験の結果をみて，学校で学んだはずの知識や計算能力がすっかり「摩滅」してしまったと嘆いたのに対し，芦田はそれを「摩滅」ではなく「剥落」であると表現したという。芦田によれば当時の教育は児童の日常生活に融合しておらず，糊で紙をはりつけたようなものだから，糊の力がゆるめば直ちに剥げ落ちてしまうのだそうだ。

　ところで，明治半ばにひとつの教科として誕生した国語科は，読み方，書き方，綴方という三つの領域から成っていたが，このうち，綴方だけは国定教科書が作られておらず，教師が手を加えられる余地がわずかに残されていた。また子どもたちに自身の言葉で表現させる綴方は，彼らの日常生活を反映させやすく，生活を見直させるきっかけにもしやすかった。芦田はそこに眼をつけ，

「随意選題」によって「生活の実感を書く」という手法を提唱する。これが「生活綴方」の源流となる。

　その後，「生活綴方」運動に大きな影響を与えたものの一つが，『赤い鳥』という雑誌である。『赤い鳥』は当時著名な小説家であった鈴木三重吉（1882-1936）が児童向けの文芸雑誌として，1918（大正7）年に創刊したものであり，自然や生活を観賞しながら自由に詩や童謡，画や童話などを創作し投稿，掲載するというものであった。『赤い鳥』自体は先入観の排除，「童心主義」をその理念とするもので，教育の手段，方法を意図したものではなかった。これについて，作者の一人であった北原白秋（1885-1942）が後に自らが刊行した童謡集『とんぼの眼玉』の「はしがき」において，「あくまでもその感覚から子どもになって，子どもの心そのままの生活の上に還って自然を観，人事を観なければなりません。子どもに還ることです。子どもに還らなければ，何一つこの悉しい大自然のいのちの流れをほんたうにわかる筈はありません」と述べている。しかし，購読者であった農村の小学校教師を中心に学級で童話を読んで聞かせたり，子どもたちの作文を投稿したり，文章作法を真似させたりするなかで，昭和初期の生活綴方運動の文化的地盤が築かれていったのである。

　さらに，「生活綴方」を単なる「文芸論」，「童心主義」から，生活を認識する手段としての「教育論」へと転換させていくのが小砂丘忠義（さすなかただよし）（1897-1937）である。小砂丘は，『綴方生活』において「生活」を単なる「表現材料」ではなく「教育の方法」として重視することによって，若い綴方教師を育てる役目を果たした。彼の社会変革に向かう姿勢は，その活動にたずさわる者たちの視線を「日常生活」から「労働」，「家庭」から「社会」へと向かわせていくことになる。こうして教育の有力な手段としての「生活綴方」は熱心な教師たちを通して全国へ普及伝播していき，やがて生活綴方を中心としたサークルやネットワークが盛んに作られるようになっていくのである。

　とりわけ東北地方の小学校教師たちの社会に対する問題認識は際立っており，その強い団結力と尖鋭な社会認識をもった活動は「北方教育運動」あるいは「北方性教育運動」とよばれ，当時の生活綴方運度のなかでも注目を集めるよ

うになっていく。秋田県の成田忠久（1897-1960）によって創刊された『北方教育』は若い多くの綴方教師たちを育成し，1934（昭和9）年，東北六県に新潟を加えた若い綴方教師たちの結集体として「北日本国語教育連盟」を結成させるに至る。「北方性」を旗印にした彼らの運動は，寒い地方において深刻な冷害と凶作，そこからもたらされる貧困と悲惨な生活，犠牲を強いられる子どもの存在を背景としたものであった。しかしながら，大正から昭和初期にかけて隆盛を極めたこれらの新教育運動も，次第に強化されていく政府の統制とともに徐々に衰退していくこととなる。

　1919（大正8）年，政府は「小学校令」を発布し，「地理」と「日本歴史」の時間の増設をはじめ，「国民精神の涵養」に努める方針を宣言するが，この年，長野県では白樺派教師が子ども文庫をつくろうとしたことに端を発した「戸倉事件」が起こり，三名の白樺派教師が教壇を追われるように去っている。その2年後には，八大教育主張講演会において「衝動満足と創造教育」を講演した千葉命吉（1887-1959）が広島県師範学校附属小学校より退職勧告を受けている。

　1924（大正13）年には文部大臣により地方長官会議において新教育を非難する訓示が出されているが，この年，やはり長野県では川井清一郎（1894-1930）訓導が修身の授業に国定教科書を使わず森鴎外の作品を使ったために休職処分を申し渡される「川井訓導事件」が起こっている。

　1925（大正14）年には，国民の間に蔓延する民主主義，社会主義の思想に危機感を強めた政府が「国民思想の悪化」を防ぐため，社会教育と学校教育を通して「思想善導」を進める方針が示されたほか，「治安維持法」が制定された。1930（昭和8）年には当時の動向に異を唱える教員たちによって「日本教育労働者組合」が結成され，反帝国主義，反戦平和，反天皇制の立場から教育闘争が繰り広げられたが，彼らに対しては治安維持法の名のもとに徹底的な弾圧が加えられた。1931（昭和9）年，満州事変や五一五事件を契機に日本が本格的な「非常時」に突入すると，国民意識の統合，思想統制はなお一層強化される道をたどった。1933（昭和11）年，長野県下の組合に対する弾圧が激化し，一

説によれば警察の取り調べを受けた者600余名，うち検挙された者208名にも及ぶという。彼らに対しては子どもたちに悪影響を与えた罪により懲戒免職，有罪判決が下されるなどした。なお，こうした動向のなか，先に挙げた生活綴方運動を通してつながり，普及していった教員ネットワークや生活修身の実践も，戦時体制化で人民戦線を意図した嫌疑にかけられ処分されていくことになる。弾圧の手は大学教授にまでおよび，自由主義的な刑法学説を説いた滝川幸辰（1891-1962）が休職処分を申し渡された。これに対し，法学部全教官が辞表を提出したほか，同教授に対する支援運動が学生，他大学にまで広がっていった。しかしながら，最終的には関与した者が特別高等警察の弾圧を受けるかたちで終わった。なお，一連のこうした弾圧は，「教員赤化事件」「教育界未曽有の大不祥事」などとして報道され，全国に衝撃を与えた。

　1935（昭和13）年，国体の本義が説かれ，地域社会においても青少年の健全なる育成，思想善導という名のもとに報道関係者はじめ，あらゆる組織体が大政翼賛会傘下に組み入れられるようになると，体制に与しない「非国民」を排除する体制が整えられていくようになり，結局，新教育運動もそれを支えていた大正デモクラシーも1930（昭和8）年代あたりには姿を消していくのである。

　そして，第二次世界大戦への突入と国家総力戦体制下のなかで，教育の現場も国定教科書を中心として天皇の神格化と愛国心の涵養，国民的精神の涵養を極めていくことになるのである。戦況の悪化とともにエスカレートしていくヨイコドモ像のイメージは，日々子どもたちの実態，実生活から乖離していくようになり，最終的には「死」あるいは「殺人」への教育が彼らの最も身近な大人たちの手で行われていくことになるのである。こうした教育への反省がなされるのは1945（昭和20）年，日本が敗戦を迎えてからのことである。

　以上，上記のごとき歴史的経緯はほんの一部を概略したにすぎないものであり，当時の状況については歴史的資料など第一次文献などで実際に自分自身の目で確認してほしいところであるが，それらの経緯を知れば，現在の日本の道徳教育が何故，極力国家を介入させず，地方や各教師の裁量に委ねようとしているのかある程度想像がつくだろう。では，なぜ戦前の日本の教育はこのよう

な事態に陥ってしまったのであろうか。それはいかなる時代的要請のもと，どのような経緯をたどって行きついた結果なのであろうか。以下，時代をさらに遡って，近代的教育制度の発足とその変遷を詳しくたどってみることにしよう。

3．近代的教育制度の発足と変遷

1）「学制」の制定と「修身科」の開始

日本において近代的教育制度が発足したのは明治に入ってからのことである。明治維新後，江戸幕府にかわって政権を担うことになった明治政府は，帝国主義段階を迎えた欧米先進諸国によるアジア進出という非常事態に対し，日本の国力を増大させ外圧にも耐えうる国作りを進めることを急務の課題としていた。

明治政府はまず，富国強兵政策の一環として日本の近代化，とりわけ殖産興業の振興と日本国民の民族的アイデンティティの確立をめざし，国民一人ひとりの資質を向上させるべく全国に学校を設置し，教育を隅々まで普及徹底させることを宣言した。その後，数年かけて小学校構想を作成するとともに，身分制度の撤廃，廃藩置県の断行，中央集権的国家体制の確立を推進し，1871（明治4）年，全国の教育行政を統括する文部省（現：文部科学省）を設置した。

文部省は翌1872（明治5）年，「学制」を制定公布し，以後，日本の近代的な教育制度を整備していくことになる。文部省はまず，太政官布告（「学制」の序文にあたることから「学制序文」あるいは文面末尾の言葉から「学事奨励に関する被仰出書」ともいわれる）を発布し，新政府の教育方針を明らかにした。

「学制序文」において示された新政府の方針は概ね次の4点に集約される。① 立身出世のための学問観，② 国民皆学の思想，③ 実学主義，④ 受益者による学費負担の原則。要するに，ここではすべての国民が実益を兼ねた学問に従事することによって殖産興業が振興し国民一人ひとりがその恩恵にあずかれること，したがって学費も自己投資と考え各自が負担すべきことが説かれている。

こうして，明治期，文部省を統括機関とする近代的教育制度が発足し，日本

の近代化，とりわけ殖産興業の振興と日本国民の民族的アイデンティティの確立をめざした教育が，「学校」を通して推進されていくことになるのである。

　新教育の普及徹底にともない新たな懸案事項となったのは，その担い手ともいうべき指導者の問題であった。それまで日本の教育は伝統的に仏教あるいは儒教的な思想を基盤としており，指導者に関しても，師匠とはその道の体現者であり有徳者であるといった考え方が一般に広く受け入れられていた。そのため，近代以前の教師たちは「求道者」としての意識が高かった反面，自らの教育理論や方法に関しては，それらを科学的に検証したり開発したりする志向性をあまり持ち合わせていなかった。江戸時代，藩校や寺子屋などで教育に携わる師匠をみても，彼らは何ら特別な教育機関で教師としての資質を養成されることなく，その教育にあたっても専ら自らの経験によって培われた勘やコツなどを通して行っていた。

　こうした旧来の学問伝授の仕方について，新政府は「教育の法」がないも同然であり，教える規則をもたないから何の効果も期待できないと批判し，今後は教育の成果をより確実なものとするため，教則を維持し教える技術を有した教師を育成する「教員養成」制度を構築する必要性があると訴えた。文部省は1872（明治5）年，「小学校教師教道場を建立するの伺い」を提出し，官立の師範学校の設置を建議した。かくして同年，「師範学校」という名称の日本最初の教員養成学校が開設されることになったのである。

　このとき，東京師範学校（現：筑波大学）にはスコット（M.M.Scott, 1843-1922）というアメリカ人が招待された。草創期の日本の師範学校において，新しい教授法の伝授は直接外国人教師の手に託される形で始められた。それまで日本における伝統的な教授方法は寺子屋に代表される「個別指導型」の教授方法が中心であったが，スコットによって，より多くの対象者に一定の知識を効率的に普及させることのできる「一斉教授型」の教授方法が紹介されて以降，学び舎もそれに適した姿へと作りかえられていくことになる。師範学校発足時に通訳を務めた坪井玄道（1852-1922）は，当時すべてのものが西洋風に机と腰掛けで授業をしなければならないというので，昌平校（昌平坂学問所：神田湯

資料Ⅱ-3 「寺子屋」から「一斎教授型」へ

左：「寺子屋の図」，右：児童教導単語の図

（筑波大学附属図書館所蔵）

島に設立された江戸幕府直轄の教学施設）の畳をはがして板の間を教場にしたと述懐している（資料Ⅱ-3）。

　学制期，近代的な学校教育制度の誕生とともに，道徳教育を担う学科として誕生したのが「修身科」であった。ただし，1872（明治5）年，「小学教則」において新たなカリキュラムが示されたばかりの頃は，まだ「修身口授（ぎょうぎのさとし）」という名称で，現代の小学校1，2年生に相当する第8級から第5級だけを対象として，1週間に2時間割り当てられる程度にすぎなかった。（「修身口授」以外の学科はみな1週間に6時間の割り当てがなされていた）。学科の並びをみても，「綴字（かなつかひ）」「習字（てならひ）」「単語読方（ことばのよみかた）」「洋法算術（さんよう）」「修身口授（ぎょうぎのさとし）」「単語暗誦（ことばのそらよみ）」等の順で挙げられており，「修身口授」が他の教科より後に置かれていることからも，この時期の道徳教育がそれほど優先度の高いものとはみなされていなかったことが分かるだろう。そのため，学制期のカリキュラムは後に知識偏重，徳育軽視の教育であると批判されることになる。

　ところで，「修身口授」で行われた教育は，「口授」という言葉からも分かる

第Ⅱ章　道徳教育の歴史的変遷　53

資料Ⅱ－4　福沢諭吉訳『童蒙教草』

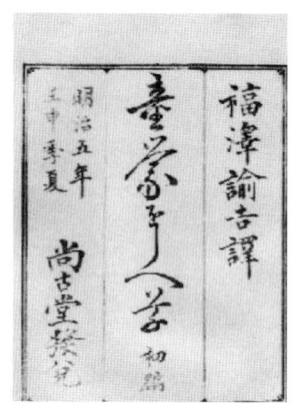

（筑波大学附属図書館所蔵）

通り，それらは教師が生徒に話して聞かせる方法によって伝えられたが，その内容は「身を修める」こと，つまり「行儀作法」を中心とするものであった。ただし，当時は外国の書物の翻訳書を教科書とする動きもあり，その内容は必ずしも日本の伝統的な行儀作法に限ったものではなかった。

　例えば，「小学教則」の「修身口授」で用いられるべき教科書の例として挙げられている図書の一つに，『童蒙教草（どうもうおしえぐさ）』（資料Ⅱ－4）という本があるが，これはもともとイギリスの"The Moral Class Book"という著書を福澤諭吉（1835-1901）が翻訳した「翻訳修身教科書」であり，そこには，世界人類みな兄弟といった人間平等の精神を説く資料や女性に対する紳士的な振る舞い方などを説く資料など，当時としてはデモクラティックな題材がみとめられる。

　また，アメリカの"Elements of Moral Science"という著書を安部泰蔵（1849-1924）が訳した『修身論』には「自由」や「権利」といった言葉がみとめられるし，その他にも「狼少年」や「蟻とキリギリス」などで有名なイソップ童話を編纂した『伊蘇普物語』などもみられ，こうしたイギリス，アメリカ，フランス，ギリシャなどの題材を集めた翻訳本が，当時の国民の道徳形成をは

かる際の推奨書として挙げられていることからも，学制期の教育がいかに日本の欧米化，近代化を目指したものであったかということが分かるだろう。

近代的な教育制度が発足したばかりの明治政府は，並み居る強豪相手に対等な関係を築ける独立国家としての「日本」を建設することを緊急の課題としていた。政府は，それまでの鎖国政策を解き，諸外国の知識，技能を吸収する方向で様々な政策を打ち出した。そのことが長い間，鎖国によって閉ざされてきた世界に対する日本人の欲求を一気に噴出させる結果となった。広い世界に対する日本人のリスペクトは，日本の民族的アイデンティティを確立させたいという政府の思惑をはるかに超える勢いで加速していき，西洋的価値観への同調，西洋との同化という形であらわれていく。

明治初期，文明開化を推進しようとする啓蒙思想家たちのなかには伝統的日本の価値観を否定する者たちも少なくなかった。彼らはまず，従来の日本の在り方を封建的，差別的な人間観に立って作られてきたものであると批判し，人間平等の精神を説くことから始めた。例えば，1872（明治5）年，福沢諭吉は『学問のすすめ』の巻頭において，「天は人の上に人を造らず，人の下に人を造らず」という有名な一文を置いているし，「伝統的親子観念の『コペルニクス的転回』」と評された植木枝盛（1857-1892）は，『親子論』のなかで，日本の伝統的な家父長主義的な夫婦，親子関係の在り方を「主人」と「奴隷」，「偏尊偏卑の有様」と批判し，両者を「同権」と捉えるべきことを説いている。

明治初期における西洋的価値観への同調，西洋的文化への同化といった志向性は，もちろん学制期においてはまだ相当進歩的な一部の知識人たちの間に限られたものだったかもしれない。だが，彼らの説く思想がいずれ進歩的な教育を通して日本国内に広がっていくであろうことに対する保守層の不安は日々高まっていった。加速する文明開化の動きは，ともすると日本国民に従来の日本における伝統的な価値観や生活様式に対する否定あるいは軽視の念をもたらし，あらゆるものを西洋風に一新させていく契機となるのではないか。そうなれば，日本という風土のなかで連綿と受け継がれてきた独自の文化や風習，伝統など，およそ自らが寄って立つべき歴史そのものすら悪しき過去として切り捨てられ

てしまうのではないか―。そうした，日本の民族的アイデンティティ喪失への危機意識が当時の保守層を中心に指摘されるようになり，やがて学制とともに進められてきた西洋化政策の反動として，ナショナリズムへの志向，儒教的価値観の復古策が取られるようになっていくのである。

2）儒教的価値観の復活と「修身科」の強化

　開国以来，日本に急速に広がった西洋化の動きに対する不満は，儒学者をはじめ啓蒙主義的な考え方をよしとしない知識人を中心に急速に広がっていった。

　例えば，先に挙げた植木枝盛のような西洋的な親子観によれば，親子といえども別の人格をもつものであり，子は親の従属物ではないから別居を支持することになるが，伝統的な儒教的価値観に依拠する親子観によれば，年老いた親に育ててもらった恩返しをするのは子どもの当然の義務であり，別居は親不孝として同居を支持することになる。前者のような考え方を支持する動きが広がればそれまで日本の共同体を維持する上で重要な機能を果たしてきた「家」制度は崩壊することになってしまうだろう。

　幕末期から見られるようになった実学重視の風潮に当初から否定的であった儒学者たちは，明治政府の欧米型教育を行きすぎた個人主義，国内における秩序の崩壊，道徳的退廃をもたらすものと批判し，早急に儒教的価値観に基づく伝統的な道徳教育へと立ち戻るべきことを訴えた。折しも，国内では啓蒙的な価値観に触発された「自由民権運動」が広がりを見せていく時期でもあり，国民意識の形成，国家統一を目指す政府にとっても秩序の問題は懸案事項の一つであった。

　こうした動向を踏まえ，1879（明治12）年，天皇の名において作成されたのが「教学聖旨」である。「教学聖旨」は「教学大旨」と「小学条目二件」という大きく二つの項目からなるが，このうち，「教学大旨」において，これからの日本は儒教倫理に基づく伝統的な道徳教育へと立ち戻るべきであるとの論が次のような論調によって展開されている。

　すなわち，学問は，仁義忠孝を知り，知識や才芸を究め，人間らしい一生を

送るためにするものであって，それこそが，日本古くから伝えられている教えであるのにもかかわらず，最近は，知識や才芸のみ重んじており，不道徳な行為をしたり，社会に害となるようなことをしたりして，勘違いしている者が多い。西洋諸国からの影響が，日本に利益をもたらすかもしれないが，一方で，仁義忠孝の道をないがしろにするようになり，やがて君臣父子の大義もわきまえないようになる危険性があるのではないかと心配である。これは日本がめざしている教育理念ではない。それゆえ今後は祖宗の訓典によって仁義忠孝の道を明らかにし，道徳の方面では孔子を模範とした教育を行わなければならない。その上で各学科を究め，道徳と才芸の両方を備えて諸国に出てゆくのであれば，日本も世界に恥じることはないだろう，というものである。また，「小学条目二件」の方にも「学制」の理念とは異なり，「農商ニハ農商ノ学科」を教えるのが適当だという身分相応の教育論が説かれている。

　1872（明治5）年に誕生した学制については，上述のごとき教育内容に対する風当たりも強かったが，それ以前に国民から向けられる非難の声も少なくなかった。とくに「受益者による学費負担の原則」は当時の国民に極めて大きな経済的負担を強いることになった。保護者たちは子どもという働き手を奪われたうえ，学校の設立，運営のための資金提供を求められた。だが，様々な犠牲を払ってようやく子どもを就学させたところで生活に劇的な変化がもたらされるわけでもなく，結局，学制期は「国民皆学」の理念を掲げながらも就学率，男女平均して20～40％台という低迷した状態が続いていた。それどころか，実態は就学の必要性を理解できない保護者たちによる就学拒否運動や学校の打ち壊し，廃校を求める運動などが次々と引き起こされ，予定されていた学校の建設中止，廃校を余儀なくされる事態が頻発していた。

　こうした実態を踏まえ，明治政府は1879（明治12）年，学制を廃止し，代わって新たに「教育令」を発布した。学制が中央集権的・画一主義的な教育方針であったのに対し，教育令は各地域の実態を考慮し，それぞれの地域の自治に委ねる地方分権的な考え方に立つものであった。その地域を一番よく把握している地方に教育の権限を委ねることによって，教育に対する国民の理解を図

ろうとしたのである。ところが，この緩和政策は教育に対する国民の理解を助けるどころか，かえって，就学率の低下に拍車をかけていくことになる。緩和政策が始まると，保護者はますます児童の就学に対して消極的になり，学校は児童数の激減により廃校を余儀なくされたり，校舎の建築を中止したりせざるを得ない事態に陥った。こうして，1879（明治12）年の教育令は，「自由教育令」と揶揄され，厳しい批判を受けるに至ったのである。

そこで，明治政府は1880（明治13）年，わずか1年たらずで教育令を廃止し「改正教育令」を発布することを決定した。新たに示された改正教育令は，前年の教育令とは全く性質の異なるものであった。教育令が教育の権限の多くを地方の裁量に委ねる「地方分権型」であったのに対し，改正教育令は国家の統制，政府の干渉を基本方針とする「中央集権型」であった。政府は学制期から続く教育不振を払拭するため，政府が率先して教育の普及徹底を推進してゆくしかないと考え，以後，文部省を統轄機関とする文教政策を積極的に展開してゆくこととなる。

なお，改正教育令を境に学科の並びにも変化が見られるようになる。すなわち，教育令までは，「修身科」は他の学科の後に挙げられる程度の位置づけでしかなかったが，改正教育令における学科の並びは「修身 読書 習字 算術 地理 歴史等の初歩」という順番で，「修身科」があらゆる学科の筆頭科目として第1番目に位置づけられている。このことは，「修身科」がどの学科よりも優先度の高い，最重要科目として認識されるようになったことを意味しており，大変重要な変化である。

3）「教科書検定制」の確立と「国定修身教科書」の登場

さらに，1880（明治13）年，文部省は改正教育令と同時に，「教科書採択に関する注意」を学校関係者に通達しており，そのなかで「教育上弊害ある書籍」は採用しないように注意を促している。

ただし，同年，「教科書採択に関する注意」が通達された頃は，まだ「開申制」（学校で使用する教科用図書に関して，教師が教育上の適不適をよく考え

た上で採択し，採択した教科書を政府に届け出る方法）がとられていたため，「教育上弊害ある書籍」，学校で使用する教科書の適不適を判断する権限は現場の教師に委ねられていた。

　ところが，近代的な教育制度の整備，拡充を進めていくなかで，学校で使用する教科書の適不適を判断する権限は徐々に教師の手から政府に手に移譲されていくことになる。政府はまず，従来行われていたように，一般の書籍を教科書として使用するのではなく，教育に特化した教科用教材を制作することを決め，「編集局」を設置したり，教科用図書の適不適の調査を行うための「教科書取調掛」を設置したりするなどして抜本的な制度改革を進めていく。

　そして，「教科書採択に関する注意」公布の数年後には，採択予定の教科書を事前に文科省に知らせ許可を得る「認可制」を導入し，最終的には1886（明治19）年の「教科用図書検定条例」および，翌1887（明治20）年の「教科用図書検定規則」を定め，教科書の対象となる著書はすべて審査の対象となる「検定制」を確立するに至る。以後，教科書の適不適を判断する権限が，教師の手から完全に政府の手に移ったのは「教科書採択に関する注意」から6年後の1886（明治19）年のことであった。なお，「教科書採択に関する注意」が公布された翌年1881（明治14）年に，前述の「小学校教員心得」が制定・公布されている。

　「教科用図書等の取調」のための「取調掛」が設置されて以降，「国安を妨害し風俗を繚乱するが如き事項を記載せる書籍」または「教育上弊害ある書籍」として小学校教科書として採用することを禁止された教科書には次のようなものがみられた。たとえば，『通俗国権論』，『通俗民権論』など当時盛んであった自由民権運動に寄与するような書籍や，『小学生理書』，『婦女生理一代鑑』など解剖生理関係の書籍，西洋の倫理思想に基づいて書かれた翻訳修身書などである。なかでも修身書に関しては，1891（明治24）年に示された「小学校修身教科用図書検定標準」をみると「修身教科用図書に掲載せる例話は成るべく本邦人の事跡にして勧善的のものたるべし」とあり，道徳モデルを西洋ではなく国内に求める傾向が強くなっていたことが分かる。

教科書の編纂検定をめぐる上記のごとき流れに対して，福沢諭吉は1897（明治30）年，そもそも教科書に完全な教科書などというものはなく，また，仮にもし完全なものがあったところで，その書物の力によって生徒を導こうとすることはナンセンスであること，したがって，文部省は教科書の適不適を問題にするとしても，明らかに教育上の弊害がみとめられたものだけ排除するにとどめて，それ以外の書籍に関しては一切関知すべきではないこと，万が一にも，文部省が何らかの偏見をもって教科書の検定を行うことがこれまでのごとく繰り返されるとするならば，日本の教育の発展にとって後々遺恨の種となるであろうことなどを説いて，編纂検定の在り方を批判している。

　改正教育令以降の徹底した中央集権的な教育政策は徐々に芽を出しはじめる。学制が発足したばかりの1873（明治6）年には，わずか28.1％しかなかった就学率も，1897（明治30）年代後半にもなると90％を超えるほど上昇するようになっていく。ところが，こうした就学率の増加にともなって新たな問題として表れてきたのが，教科書採択者と民間の出版社とによる癒着関係，いわゆる贈収賄問題である。そうした教科書をめぐる不正取引に対しては，発覚するたびに注意，勧告が行われ，また，教科書採択不正防止のための法律改正もしばしば行われていたものの，事態は一向に改善する兆しをみせなかった。それどころか，1902（明治35）年には，「教科書疑獄事件」として教育史上に名を残すほど大規模な汚職事件にまで発展してしまったのである。

　「教科書疑獄事件」に関わったとされ，摘発された教育関係者は200名以上ともいわれている。こうした前代未聞の醜聞が直接的な契機となり，教科書を国定化する方針が固められていくことになるのである。1903（明治36）年，教科書国定化の方針が示され，以後，第二次世界大戦終結まで，日本の学校においては文部省が編纂する各教科1種類のみが教科書として使用されていくことになる。

　以上が，近代的な学校教育制度の発足と変遷の概略である。最終的には前節で見た通り，学校は子どもたちに「生」ではなく「死」ないし「殺人」を教える現場となってしまったわけであるが，日本の教育がそのような方向へ進んで

しまった背景には，西欧列強の植民地支配に対する日本，さらに言えばアジアの独立性の死守といった「防衛」の発想があった。黒船の到来以降，鎖国を解き，世界の並み居る強豪国相手に独立性を死守した日本は，一方で諸外国に対する「日本」という絆を強めるために，「愛国心」教育を加速させていくことになった。「愛国心」教育は異なる国や民族との交流が強く求められる，いわゆる「グローバル化」の流れのなかで強烈に意識されるものなのである。こうしたグローバル化とナショナリズムの緊張関係に関しては，日本よりもむしろ，諸外国，とくに先進諸国において顕著に見られる問題でもある。そこで，次章では，今後ますますグローバル化に拍車がかかっていくであろう日本における道徳教育の実践を検討するにあたり，まずは先進諸国における価値教育の動向について，彼らはいかなる問題に直面しているのか見ていくことにしよう。

第Ⅲ章
道徳教育の実践に向けて

1．諸外国における価値教育の動向

　「道徳」という言葉は，西洋の言葉に置きかえられるとき，一般的には moral や ethos といった用語とともに慣習や習俗との関係において説明されることが多い。しかしながら，今日めまぐるしく変動する社会において，とくにフランス，ドイツ，イギリス，アメリカといった本節で取り上げる先進諸国において，それらは価値，公民，市民，人格，民主主義あるいはそれに近い用語によって表現されることが多くなってきている。各国の価値教育に関する用語としては，フランス l'éducation á la citoyenneté（市民性に向かう教育），ドイツ Demokratie lernen und leben（民主主義を学び，生きる），イギリス Citizenship Education/Education for Citizenship（シティズンシップ教育），アメリカ Character Education（キャラクター・エデュケーション）などがある。これらの言葉で表現される価値教育は様々な場面で行われているが，ここではひとまず，教科の枠内で行われる価値教育の動向を中心に見ていくことにしよう。その他の諸活動に関しては各自，文献などを通して確認しておこう（巻末の主要参考文献一覧参照）。

1）フランス：l'éducation á la citoyenneté

　フランスの学校における教育課程は，国民教育省の提示する学習指導要領のようなもので定められているが，それらは細部まで規定するようなものでなく，

分量・規定の仕方からみて日本より大綱的なものとなっている。また，フランスでは教科用図書として編集されることで事実上教科書として認められているものはあるものの，フランスでは教科用図書であっても検定は行われないため，フランスにおいて実際，公民教育をどのように実施するかはほとんど教師の裁量に委ねられている。

　フランスにおいて，civique（公民）という言葉が価値教育を担う用語として登場したのは1882年のことである。それまでの「道徳・宗教」科に代わって「instruction morale et civique（道徳・公民科）」が置かれた。公立学校における宗教的中立性の確保，いわゆるライシテ（政教分離）の精神が導入されたのである。その後，1940年のヴィシー政権の時代における反共和主義，人権宣言の否定，宗教教育の復活，第二次世界大戦後のギシャール改革やアビ改革における全面主義的道徳教育の実施といった流れのなかで，公民教育は下火となっていたが，1985年の原点回帰的な大旋回とも評される公民教育の刷新によって，フランスは改めて共和国的市民としてのconscience collective（集合意識），およびsolidalité（連帯心）を養うために「éducation civique」を初等教育のなかに，「instruction civique」を前期中等教育のなかに復活させた。そして，それらは独立した「教科」として扱われ，教科書，指導書，副読本も新しく編纂された。この時，共和国的精神が返り咲いた背景には，価値観の多様化とフランス共和国内における移民の子弟の増加，それによる国民統合の必要性などがあったとされる。

　ただし，1985年以降に返り咲いた公民教育は，19世紀の愛国心教育を全面復活させたものではなく，人種による差別や排他性のない開かれた愛国心の教育をめざすものであった。1985年以降のフランスでは，デュルケムが集合意識と呼んだような共通の社会的価値はもはや受容され難い側面を有しているということの自覚に立ち，向かうべき価値の方向性として，単純な共和主義的祖国愛ではなくナショナルな次元を超えた普遍的な価値に強い社会的コンセンサスを置いた公民教育の普及・徹底に努めてきた。そこでは，valeurs socials communes（共通の社会的価値）をもつものとしてdroits de l'homme（人間の権利）

が掲げられていた。

　公民教育科に関しては2002年に次のような改訂がなされた。① 日本の小学校1・2年生にあたる段階で「vivre ensemble（共に生きる）」が週0.5時間話し合いの時間として設けられた。この段階において公民の時間は配当されず、世界の発見など他の教材の時間を通じて育成する形になった。② 小学校3〜5年生にあたる段階で「vie collective-débat réglé（共同生活-定期的討論）」が討論の時間として設けられた。この段階においては、歴史・地理と合わせて公民教育が「instruction civique et morale」という名称とともに、古典的教養や芸術教育を強調する形で置かれることになった。③ 前期中等教育の公民教育は「éducation civique」という名称で置かれることとなった。

　その他、より実践的なスキルを身につける機会も増えた。例えば、小学校段階をみると、1・2年生に当たる段階で導入された「共に生きる」の時間では、自分とは異なる見方があることに気づき始める時期において、同級生や大人と会話をする、他者の言うことをよく聞く、聞くことをすぐに放棄しない、といった、異質な他者と上手に対話するスキルを訓練する。また、この時間において、集団生活の規則に適応する指導も重視されているが、教師は一方で学級生活の規則を集団で「つくらせる」ということが求められている。3〜5年生の段階で導入された「共同生活・定期討論会」では、学級の規則をみんなで考え、学級で討論し、採択するものとして学び、実際にそれを教師の指導のもとで児童たちが制定し、定期的に検討・討論する。また、議論のルールや議論の際の衝突を調整することなども学習する。並行して実施される横断的領域としての公民教育では、市役所の訪問や市議会の役割などを学んだり、歴史との関連で民主主義国家に属することの意味を理解したり、現在のフランス共和国が採用する民主主義、共和主義、普通選挙などがいかなる歴史的過程を経て実現されてきたのかを学習したりする。地理との関連では、フランス語圏やそれ以外の国々、多くの国に適用されない子どもの権利条約などに関して学ぶ。理科との関連では環境に対する責任を、芸術との関連では文化遺産を学ぶ。このような学習を通して、地球上における市民性として、自国と異なる歴史、文化、

信念，価値観，生活様式に対して寛容である義務，自国が常に最も善いとは思わない態度，平和を維持する義務などを学習するのである。

　小学校6年生〜中学校3年生にあたる段階においては，週約1時間「歴史・地理・公民教育」科において，民主主義の原理と価値，制度と法，責任，批判的精神などが，知識と実践の強い結びつきを強調するかたちで習得されていく。小学校6年生にあたる段階では学校自体が民主的決定を行う場であり，民主主義を支える一員となることを学ぶところとして位置づけられることを学ぶ。このとき，conseil de classe（学級評議会）がつくられ，投票権を行使することが民主主義の生活の規則を最初に習得することとして学習する。中学2・3年生にあたる段階ではconseil d'administration（学校管理評議会）がつくられ，学校教育計画の策定や校則の制定などを行う。このとき，校則が学校という共同生活の場における生徒の権利と義務を規定するものであること，権利と義務は対になるものであることを学ぶ。

　フランスでは公民教育が道徳教育の役割を兼ねており，国旗・国歌・記念碑に対する忠誠心などを養う徹底した愛国心教育が，フランスにおける道徳教育のイメージとしてとらえられがちであるが，フランスの国旗・国歌・記念碑はそれ自体が自由，平等，友愛といった共和的精神に由来するものであり，彼らが忠誠を誓っているのはそうした自由，平等，友愛といった精神に対してである。そのため，フランスにおける愛国心教育は，日本のそれとは異なり，民主主義や寛容・人権教育といった内容と矛盾をきたすことが少なく，グローバル化のなかでも比較的受け入れられやすい面をもっているといえよう。

　もっとも，例えばイスラムの生徒がスカーフをして公立学校に登校することを禁じたことに端を発した「スカーフ事件」に代表されるように，宗教的中立性の名のもとに特定の記号が排除されてしまうことの問題性が指摘されるなど，グローバル化とナショナリズムとの間の緊張関係はフランスにおいても見られる。

　なお，2012年ペイヨン国民教育大臣のもとで，小学校における「世俗的道徳（la morale laïque）」教育の復活が提言されたことを受け，現在，約20年近く進められてきた公民教育の行方に多くの関心が集まっている。世俗的道徳教育に

関してはデュルケムの『道徳教育論』に目を通しておくとよいだろう。

2）ドイツ：Demokratie lernen und leben

　ドイツは16の州で構成される連邦国家であり、それぞれの州が教育監督官庁を有し、独自に教育課程基準を設定しているが、東西統一後のドイツでは、ブランデンブルクを除くすべての州で「Religionsunterricht（宗教科）」が正課として導入され、同時に宗教科の代替科目ないし選択科目として「Ethikunterricht（倫理・哲学科）」が置かれた。ブランデンブルグのみ「Lebensgestltung-Ethik-Religion（生活形成・倫理・宗教科）（以下「LER」）」を新設した。そこで、まずはいち早く宗教科の代替教科として倫理科を設置したバイエルン州を例に挙げ、宗教科と倫理科で行われる価値教育がどのようなものか見ていくことにしよう。

　そもそも、宗教科が公立学校における正規の教科と定められたのは1949年、ドイツ連邦共和国基本法（以下「基本法」）が制定されたときであるが、1960年代の教皇庁の他宗教に対する対話姿勢への転換や、1970年代のカトリックとドイツ・プロテスタントとの交流などを経て、1990年代以降に宗教教育学において Interreligiöses Lernen（宗教間学習）という新たな概念が登場した。この宗教間学習とは、「ある信仰の伝統を受け継ぐ者が、他の信仰が培ってきた伝統を十分に理解し、自己の生活と信仰において創造的に消化していくこと」を意味し、「21世紀における宗教教育学の試金石」とも評されている。バイエルン州も日本の中学校に相当する段階において、「教会の生活と諸宗教と対話する能力」の学習領域に宗教間学習を位置付けている。そこで行われる価値教育の特徴としては次の二点が挙げられている。① キリスト教の他の教派だけでなくマイノリティの生徒の教派的・宗教的アイデンティティの保障など、市民のもつ信仰の多様性を尊重し、すべての生徒が自己の教派的・宗教的アイデンティティを成熟させる機会を提供する。② 自己の宗教的アイデンティティと他者のそれとの異同について学習する機会を提供することによって、他者への無関心ではなく寛容の精神へと高めるような葛藤を経験させる。

一方で「基本法」では，教育権者つまり保護者がわが子の宗教科履修を決定する権利も，またそれを拒否する権利も認められている。1972年，他州に先駆けて設置されたバイエルン州の倫理科における価値教育の特徴としては，次の二点が挙げられている。① 政治科において重視される Werte unt Tugenden（価値と徳）について，その概念と哲学的定義およびそれが人間の社会的生活や人生においてどのような意味をもつのかを扱い，それを哲学的次元で専門的に深めることによって政治的陶冶としての市民の資質育成を支える性質をもつ。② 現実の社会状況としての宗教的多元化に対して市民として共存・共生していくための実践的能力を育成するため，宗教的共生に関わる学習が重視される。

　こうした宗教科と倫理科で行われる価値教育に対し，ブランデンブルクの例を見てみよう。ブランデンブルクで独自の教科として置かれている LER は，異なる文化，人生観，生活様式，世界観，宗教間の共存の問題に解決を提供することをめざす，共生を学ぶための教科であり，一種の「生活科」として全生徒に必修とされている。例えば LER の実践例として，次のようなものが挙げられている。

資料Ⅲ－1　LERの実践例

【ブランデンブルク州ブランケンフェルトのコペルニクス・ギムナジウム第8学年におけるシュリーブナー先生による授業】
先生：先日は「紛争」について話しましたが，紛争の定義覚えていますか。
生徒：紛争というのは心的葛藤です。人間の心の中と外の紛争があります。
先生：この紙にいろいろな場面がありますが，そのうちの1つについて説明して下さい。選んだ例は紛争であるかどうか教えて下さい。

〈例：女の子は他の同級生より沢山勉強して，よくできるようになりたい。他の子が映画館に誘うのですが，お母さんが断ります。〉

　先生：皆さんも同じような経験をしたでしょうか。その経験について話して下さい。
　生徒A：姉は夜，友達と一緒にどこかに遊びに行きたかったのですが，母はあなたは英語があまりできないから，今晩は勉強しなさいといい，止めました。その結果，姉は母と全然話をしません。

生徒B：私は親しい友達のCちゃんと2人だけで遊ぶつもりでしたが，彼女は
　　　　Dさんも呼びましょうといいました。解決は，今回は3人で行きまし
　　　　たが，今度はまた2人でどこかに行きます。
　先生：教科書を見て下さい。まずテキスト（7/8学年用）を読んで下さい。

〈内容〉息子はサッカーゲームに参加したいが，ちょうどその日お祖母さんが来る予定です。彼女は年2回しか来られません。彼女は孫が大好きですので，お母さんは息子にどうしても家に残ってほしい。

　先生：息子さんとお母さんの立場が理解できますか。「紛争」がありますか。
　　　　…お母さんと息子さんの対話を（役割演技）行って下さい。
〈生徒の対話〉
　　子ども：お母さん，今日コーチから電話があったんだけど…，土曜日に大事な
　　　　　　サッカーの大会があるんだって。
　　　母：土曜日はお祖母さんが来るのよ。
　　子ども：それはわかっているけど，他の子は病気になってしまって，参加でき
　　　　　　ないそうなんだ。僕が行けなかったら，チームのメンバーは足りない
　　　　　　んだよ。
　　　母：だけど，お祖母さんはめったに来ないから，この土曜日は無理だと思
　　　　　　うよ。
　　子ども：お母さんはいるでしょう。僕がいなくてもいいじゃないか。チームに
　　　　　　対しても責任があるし…，普段は外から見るだけでしょう，せっかく
　　　　　　のチャンスなんだ。
　　　母：反対よ。
　　子ども：行くよ。
　　　母：許さないよ。
　　子ども：どうして…

先生：対話を見て，どのようなことを気がつきましたか。
生徒：2人の声はだんだん大きくなってしまいました。
先生：どうしてでしょうか。
生徒：2人とも怒っていました。
生徒：対話の内容より，どちらが勝つかという問題が大事になりました。
先生：葛藤の対象はもう意味がなかったのです。
生徒：相手の立場がよく理解できなかったのです。
先生：そうですね。今日はいわゆる氷山モデルについて話したいと思います。外
　　　から見るとこういうふうに見えますが，息子とお母さんはどうしてあのよ

うに反応するのでしょうか。
生徒たちの発言：経験　価値観　希望　教育の目的　文化　意見　誤解　宗教　信念
先生：有名な学者は氷山モデルをつくりました。そのモデルによると，ほとんどの紛争は解決できます。その方法は，水の中に隠された経験，価値観，信念を述べる（表現する）ことです。自分の気持ちと考えについて説明しますと，相手が理解できるようになります。この方法を使ってもう一度対話を行って下さい。

——氷山モデルの提示——

〈二回目の対話〉
お母さん：私にとって家族はとても大事なのよ。お祖母さんが来たら，家に残ってね。
息子：お母さんの立場がよく理解できるけど，大会は今週の土曜日しか行われないよ。
お母さん：お祖母さんは孫と会えるのを楽しみにしています。いなければがっかりするでしょう。
息子：少し待ってよ。ゲームが終わってから，すぐ帰るよ。そうでなかったら，お祖母さんも大会を見に来たらどう。

お母さん：じゃあ，彼女（祖母）に聞いたら？…

先生：ありがとうございます。今度のテーマは…。
（武藤孝典・新井浅浩編著『ヨーロッパの学校における市民的社会性教育の発展』東信堂 pp.208-211）

なお，教育をこうした，生き方を考える実践ととらえる視点は，世俗的な視点のみでそれをとらえることの限界に気づかせ，スピリチュアリティへの覚醒をもたらす。そのため，今日，ドイツではホリスティック教育への関心も高い。ホリスティック教育に関しては，シュタイナーの教育思想や実践などを参照してみるとよいだろう（巻末の主要参考文献一覧参照）。

3）イギリス：Citizenship Education/Education for Citizenship

イギリスは，4つの地域からなる連合王国であり，各地域において特色ある教育制度をもっている。イングランドとウェールズは，ほぼ同様の学校制度を

もっており，スコットランドは独自の制度を築いている。ここではイギリスの全人口の8割を占めているイングランドの教育を中心に見ていくこととする。

イギリスの価値教育も，久しくキリスト教を中心とした宗教教育によって行われてきたが，1960年代後半になると，価値の多様化により社会が世俗化した。1970年代には，宗教教育によらない，世俗的な基盤に立つ価値教育が模索されるようになり，先駆的な試みとして「ライフライン計画」が登場した。これは，イギリス学校評議会の委嘱による価値教育プロジェクトチーム（代表はオックスフォード大学のピーター・マックフェイル）が，1967年から1972年にかけて調査・研究を通じて開発した中等学校用（11～16歳）の価値教育カリキュラムである。学校現場ですぐに使用可能な教材開発を含む実践的な企画だったこともあり，注目を集めた。

ライフライン計画では，青少年自身の要求をもとにその目的が設定されている。具体的には，生徒自身がもつ現実の欲求や関心をアンケート調査と面接調査により把握し，そこから価値教育で目指されるべき要素を導き出す。すなわち，「存在」を出発点とし，そこから「当為」を導き出すというやり方である。また指導方法に関しても，青少年の要求にこたえる道徳教育のための意識的な方策の必要性が強調される。具体的には，生徒自身のもつ関心や問題を調査により把握し，その問題の解決策を，既存の道徳理論や権威，信条，規範体系等によらず，生徒自身に発見させるのである。このようにライフライン計画では価値を押しつけるような方法からの脱却が目指されている。

その後，1980年代に入ると，Personal and Social Education（人格，社会性発達の教育）（PSE）が注目を浴びるようになってきた。ソシオ・ドラマとよばれる役割演技法を用いて観察力およびコミュニケーション能力の育成をめざすSocial Education のプロジェクトを元に考案されたとされている。さらに，1988年の教育改革法により，必修10教科からなる National Curriculum（全国共通カリキュラム）（NC）が国として初めての教育課程基準として導入された。この時，宗教教育が「宗教教授」から「宗教教育」に名称変更した上で全国共通カリキュラム以外の指導内容として位置づけられた。PSE は，健康教育を

含めた Personal, Social and Health Education（人格，社会性発達と健康教育）（PSHE）と称することとなった。PSHE は，NC 以外の必修である性教育や進路指導の他，薬物教育を取り扱う教科とされる場合もある。

　初等教育段階における PSHE の授業では，サークル・タイムという児童が輪になって座る形式で行われることが多いとされる。児童たちが輪になって座ることで，参加者は互いの顔を見ることができ，人の話を聞いたり自分が話したりする術をより効果的に身につけることができる。また，会話をする際，話し手の表情も見えるため，感情も共有しながら肯定的な人間関係を構築することも期待されている。

　さらに，今日注目されているのは，2000年の NC 改訂を経て2002年に中等学校において必修化された Citizenship Education（市民性の教育）である。PSHE と，市民性の教育は，育成するスキルや展開の形式，教育方法などに多くの共通性が指摘されているが，両者の違いとしては市民性財団が発行するガイダンスによって次のように説明される。

　① PSHE が個人的あるいは個人間的な意思決定に関係するのに対して，市民性の教育は公共の政策を扱う。前者が生徒の個人の選択を扱うのに対して，後者は市民としての選択に関係する。例えば，いじめについて取り扱うとしたら，PSHE では「もし自分がいじめを目撃あるいは体験したらどうするか」という問いが立てられるのに対して，市民性の教育では「反いじめ指針を校内でつくるためにはどのような協力ができるだろうか」という問いが立てられる。

　② PSHE で育成するスキルに加えて，市民性の教育ではさらに，変化や行動を主導し計画・実行すること，自他の問題や言い分について主張・弁護すること，他者のための演説をしたり実行したりする（代表する）こと，投票や意思決定におけるその他の民主的形成をすること，ディベートなどのスキルを育成することが目指される。

　そして，そのような市民性の教育は，当初こそ PSHE の時間のなかで展開される傾向があったが，実践が進むにつれて，全校アプローチから地域コミュニティとの連携へと，独自な時間として展開される傾向にあるという。そう

いった意味では，こうした市民性の教育はむしろ教科外活動（学級活動や集会，生徒活動，行事，クラブ）のなかで積極的な展開が見られると言えよう。そうした民主的なコミュニティのなかで，その一員としてコミュニティに参加することによって，民主的な社会における市民としての資質が育成されるという考えはアメリカにも見られる。

4）アメリカ：Character Education

アメリカでは，教育は州の専管事項とされ，とくに初等中等教育については学区と呼ばれる行政単位が州の下に設けられており，ここに多くの権限が委譲され，初等中等教育行政を専門的に担うことになっている。義務教育の年限や進学・修了要件，初等中等教育の区切りなども州あるいは学区によって異なっている。初等中等学校の教育課程に関する全国的，統一的基準は存在せず，教育課程の基準については州および学区の責任事項となっている。1990年代に入ってからは，アイオワ州を除くすべての州で，各教科の指導内容や知識・技能に関する到達基準等を示した教育スタンダードの開発・策定が進められているが，その名称を含め，規定の内容・仕方は州によって多様である。教育目標についても，合衆国憲法および他の連邦法には規定はなく，州あるいは学区レベルで，州教育法等で定められる。道徳教育についても，アメリカの公立学校では，日本の「道徳の時間」のような授業枠はなく，学校の教育活動全体を通じて行われることになっている。価値教育として社会科の果たす役割が大きい。

アメリカでも，かつてはヨーロッパ諸国と同様，宗教教育によって道徳教育を行うのが大前提となっていた。今日でも宗教，とくにキリスト教はアメリカ社会に広く浸透し，人々の考え方や日常的な道徳の基盤をなしている。しかし，道徳教育の重点が宗教的敬虔から市民的英知に移行したことにより，教育の世俗化と，学校における宗教的中立性が促進されるようになった。とくにアメリカでは1960年代からベトナム戦争や公民権運動，解放運動などを経て，従来の価値への懐疑や否定などが加速されていった。学校においても，indoctrination（教え込み）と呼ばれる伝統的な道徳教育に限界を感じる教師が増えてき

た。そこへ登場したのが「価値の明確化」である。価値の明確化とは，客観的に正しいと称せられる価値の内容を教え込むのではなく，各自にとっての主観的な価値を明確化するための過程を援助するという方法論である。さらに1970年代になると，自ら定式化した文化・社会的に普遍的に妥当する公正推論の発達段階論を基盤としたコールバーグ（Lawrence Kohlberg, 1927-1987）の道徳教育論，とりわけモラル・ジレンマ・ディスカッションが注目を浴びるようになる。これは，道徳的に葛藤を生じさせる資料についての討論をクラスで行うことによって，子どもに道徳的葛藤の経験と他者役割取得の機会を与え，それにより子どもの発達段階の上昇をねらうものである。

●コールバーグにおける道徳性判断の発達段階論〈三水準六段階〉

Ⅰ	前慣習的水準	〔段階1〕罰と従順志向（他律的な道徳）
		〔段階2〕道具的相対主義（素朴な自己本位）志向
Ⅱ	慣習的水準	〔段階3〕他者への同調，あるいは「良い子」志向
		〔段階4〕法と秩序志向
Ⅲ	脱慣習的水準	〔段階5〕社会的契約，法律尊重，および個人の権利志向
		〔段階6〕普遍的な倫理的原則（良心または原理への）志向

●ジレンマ教材の例【この子のために】

　この話は，傷害事件を起こしたジョーンズ氏の裁判の記録に基づいている。下町の裏通りに，向かい合って古びた5階建てのアパートが並んでいる。日曜の朝は表通りと違って，裏通りは車の陰もほとんどなく，ときおり，遠くの方で子どもたちの声が聞こえてくる。
　突然，その静けさを突き破るかのように，ただならぬ悲鳴がこだました。「ぎゃー！痛いよー！」息子のマイクが，部屋を走り回って遊んでいるうち，足をとられて，暖房のさくで胸におおけがをしたのである。溢れ出る血のため，着ている服もズボンも靴もみるみる真っ赤に染まった。マイクは泣き叫んで，ついに気を失ってしまった。両親は驚き，とりわけ母親はマイクが死んだものと思い，取り乱し，おろおろ泣き出した。父親のジョーンズはマイクに息があることを確かめると，すぐ救急車を呼ぼうと電話した。しかし，あいにく救急車は交通事故の処理のため出はらっており，少なくとも30分は待たされると告げられた。救急車を待つよりタクシーの方が病院に早く連れて行けると考えた彼は，マイクを抱

きかかえ急いで階段をかけおり，表へ出てタクシーをひろおうとした。しかし，運悪く，タクシーは走っておらず，マイクの出血はますますひどくなるばかりだ。その時，父親は通りの向こう側の路かたで止まっている車に気がついた。彼はマイクを抱いたまま，その車にかけより，運転手の男に病院に連れていってくれるように頼んだ。しかし，「大切な仕事の打ち合わせで人を待っているところだから，助けたいがそれはできない。」と，その男は断った。そこで，「それなら車を貸してもらえないか。」と言うと，その運転手は，「見ず知らずのあなたに大事な車を貸すわけにはいかない」と答えた。迷ったあげく，ジョーンズは，妻にマイクを引き渡すと，いきなりその男を車から引きずり出し，抵抗する男をおもいっきりなぐりつけた。そして，キーを取り上げると，車を運転して病院に息子をかつぎ込んだ。殴られた男は，その後，警官を連れて病院まで追いかけてきた。警官は，ジョーンズを車の窃盗と暴行の罪で逮捕したのである。

コールバーグ作（荒木紀幸訳）
荒木紀幸編著『モラルジレンマ資料と授業展開』（中学校編）第2集

　このような場面における判断をめぐる是非は容易に決し難く，人々に葛藤を引き起こさせる。授業では討論が行われるが，そこでは主人公がとるべき行為ではなく，なぜそのように行為すべきだと考えるのかという，理由づけの方に焦点が当てられる。討論はオープンエンドとし，学習者が道徳的葛藤を長く引きずれば引きずるほど，他者役割取得の機会が与えられることになる。このようにして，学習者の道徳性発達段階の上昇が促されるのである。

　しかし，1990年代に入ると，これらのアプローチでは教師の指導性を発揮できないこと，基本的な道徳的価値の内容の直接的な教授が行えないこと，そして必ずしも道徳的行動に結びつかないことなどの批判が現場からわき起こり，子どもの行動を明確に方向付ける即効性ある教育を求める気運が高まった。コールバーグ自身も次第に子どもを取り巻く環境に着目していくなかで，新たな方法へと移行していった。すなわち，学校を教師と生徒による直接民主主義による自治組織として再構成しようとするジャスト・コミュニティ・アプローチである。実践としてのジャスト・コミュニティ・アプローチについては，この取り組みを実践するために設立されたジャスト・コミュニティ・スクールのうち，1990年代になって運営されているものは数校にすぎず，成功したとはいえない。しかし，学校の道徳的雰囲気を高めるために，学校そのものを正義と

慈愛によるコミュニティとして再構成しようとするその理念や試みは，今日，様々な形で目にするようになった。

　なお，アメリカでは1990年代初頭から，子どもに対し民主主義社会に普遍的な価値内容を直接的に教授する必要を説く Character Education（キャラクター・エデュケーション，人格教育，品性教育，品格教育）も注目を集めてきた。その代表的な人物がリコーナであるが，彼は従来の読み・書き・算の3R's に respect（尊重）と responsibility（責任）の第四，第五の R を加えて，これらを実践的に身につけさせる価値教育の総合的アプローチを提唱した。この他にも，様々な手法をもってキャラクター・エデュケーションが実施されているが，現在では，10代の妊婦の健康と栄養，親業教育，ドラッグ防止などの活動を行ってきた団体や，子どもの地域社会への貢献および奉仕活動を通じた学習を行うサービス・ラーニングなど，別の文脈から生起し展開してきた教育実践の運動との結びつきを強め，総体として子どものコミュニティへの奉仕活動の参加を促す方向に収斂しつつあるようである。このように，アメリカでは教え込みにも価値相対主義にも陥らない価値教育が目指されているが，上記の理論や実践のほかにゴードンによる『親業』も多くの人々に指示されてきた教育論であり，一読しておくとよいだろう（巻末の主要参考文献一覧参照）。

5) ヨーロッパ評議会：Human Rights Education

　ヨーロッパ評議会は，ヨーロッパ大陸のほぼすべての地域にある47ヵ国が加盟している国際的政治機関であり，1949年に国連で「世界人権宣言」が採択された直後に，人権，民主主義および法の支配の実現のために加盟国間の協調を拡大することを目的として設立された。その発足当初から，ヨーロッパ評議会では「世界人権宣言」の理念の条約化に着手しており，1950年には世界最初の地域的国際人権条約である「ヨーロッパ人権宣言」を成立させている。この条約はヨーロッパ人権委員会，ヨーロッパ人権裁判所および閣僚委員会からなる人権擁護機構を持ち，今日まで国際的規模における人権の実現と擁護に成果を上げてきた。

「世界人権宣言」30周年にあたる1978年には、画期的な「人権教育に関する決議」を採択した。この決議は、「あらゆる個人が、可能な限り早期に、人権ならびにこれにともなう責任に気づくようになるべきであり、また、その結果、真の民主主義社会にとっての特徴である人権や基本的自由に関する教育を促進することが必要である」と認め、加盟国が「時刻の教育制度に応じて、学校教育、教員養成、ならびに教員の現職教育のカリキュラムの中に、人権と基本的自由に関する教育を適切に位置づける」ことを求めている。この決議に基づき、ヨーロッパ評議会は初等中等学校における人権教育を具体的に促進するための理論的・実践的研究を重ねていった。1983年には「西ヨーロッパ諸国の学校における人権教育に関するシンポジウム」をウィーンにて開催、1985年には「人権教育に関する勧告」を採択している。

　1990年代から、旧東ヨーロッパの国々を含めた新しいヨーロッパ建設が進められるなかで、青少年を対象とする人権教育の重要性があらためて認識され、「ヨーロッパ人権宣言」50周年にあたる2000年には、ヨーロッパ評議会青少年・スポーツ理事会により人権教育青少年プログラムが開始された。この事業においては、1995年に設立されたヨーロッパ青少年センター・ブダペストが中心となり、電子メールおよびインターネットによる全世界からの公募に基づいて構成された専門家グループにより綿密な研究討議が進められた。その成果を踏まえて2001年に刊行されたのが、人権教育のための総合的マニュアルである *Compass: A Manual on Human Rights Education with Young People* である。この本は、刊行以来次々にヨーロッパ評議会加盟国の国語に翻訳され、2009年6月現在で、日本語版（『人権教育のためのコンパス〔羅針盤〕学校教育・生涯学習で使える総合マニュアル』）を含め25ヵ国語版が刊行されている他、さらに9ヵ国語版が刊行される予定である。2007年には、高校生〜一般成人を対象とする『コンパス』を小学生や中学生に対する人権教育でも適用できるようにしてほしいという要望の高まりを受け、ヨーロッパ青少年センター・ブダペストにより *Compasito. Manual on human rights education for children*（日本語訳『コンパシート〔羅針盤〕子どもを対象とする人権教育総合マニュアル』）が出版された。

『コンパス』および『コンパシート』の柱はいずれもアクティビティであり，様々な人権問題に取り組み，人権の大切さに気づき，じっくり考え，自他の人権を尊重できるように学習者を動機づけ，支援するための具体的なアイデアや実践的なアクティビティが提供されている。ここでは学習者の積極的な参加と取り組みが重視されているが，これは学習者自身が人権教育のリソースである，という考え方によるものである。また，人権教育に携わる教師や指導者に対して，人権教育に関する基礎的理論や基礎的知識，情報等も提供されている。また，人権教育に関しては，現在，ホームページ上などで様々な情報が提供されているので検索して確認しておくようにしよう。さらに，人権教育の思想的源流として，ペスタロッチやルソーの思想などにも触れておくようにするとよいだろう（巻末の主要参考文献一覧参照）。では最後に，これまで学んできたことを念頭に置きながら，実際に授業をつくっていこうとするときの手順やポイントなどについて確認していくことにしよう。

2．道徳教育の指導計画と学習指導案の作成

1) 全体計画

　道徳の指導計画については，2008（平成20）年の学習指導要領「第3章　道徳」「第3の1」において，「校長の方針」の下に，「道徳教育推進教師」を中心に，「全教師が協力」して道徳教育を展開するため，「道徳教育の全体計画」と「道徳の時間の年間指導計画」を作成するよう明記されている。なかでも，「道徳教育推進教師」は2008（平成20）年の学習指導要領から導入されることになったものであり，その役割について押さえておくことが重要であるとされている。2012（平成24）年度の完全実施をむかえ，現在，どのような取り組みが行われているか調べてみよう。ここでは，道徳教育の全体計画の意義や内容，留意点などについて確認しておくことにしよう。まず，全体計画の意義は次の点にあるとされている。

全体計画の意義（中学校）

①豊かな人格形成の場として，各学校の特色や実態及び課題に即した道徳教育が展開できる。
②学校における道徳教育の重点目標を明確にして取り組むことができる。
③道徳教育の要として，道徳の時間の位置付けや役割が明確になる。
④全教師による一貫性のある道徳教育が組織的に展開できる。
⑤家庭や地域社会との連携を深め，保護者や地域の人々の積極的な参加や協力を可能にする。

全体計画の内容

全体計画は以下の事項を含めて計画されることが望ましいとされている。

基本的把握事項		
教育関係法規の規定／時代や社会の要請や課題／教育行政の重点施策	学校や地域の実態と課題／教職員や保護者の願い	生徒の実態や発達の段階等

具体的計画事項
学校の教育目標、道徳教育の重点目標、各学年の道徳教育の重点目標 / 道徳の時間の指導の方針 / 各教科、総合的な学習の時間及び特別活動などにおける道徳教育の指導の方針、内容及び時期 / 特色ある教育活動や豊かな体験活動における指導との関連 / 学級、学校の環境の充実・整備や生活全般における指導の方針 / 生徒との信頼関係をはぐくむ教師の在り方や教師間の連携方法 / 家庭、地域社会、関係機関、小学校・高等学校・特別支援学校等との連携の方針 / 道徳教育の推進体制 / その他、評価計画、研修計画、重点的指導に関する添付資料等

第Ⅲ章 道徳教育の実践に向けて

全体計画作成上の創意工夫と留意点

全体計画作成上の創意工夫と留意点として，以下の点が挙げられている。

①校長の方針の下に道徳教育推進教師を中心として全教師の協力・指導体制を整える。
②道徳教育や道徳の時間の特質を理解し，具体的な取組を明確にし，教師の意識の高揚を図る。
③各学校の特色を生かして重点的な道徳教育が展開できるようにする。
④学校の教育活動全体を通じた道徳教育の相互の関連性を明確にする。
⑤生徒の実態を踏まえ，保護者及び地域の人々の意見を活用することや，学校間交流，関係諸機関との連携に心掛ける。
⑥計画の実施及び評価・改善のための体制を確立する。

以上のごとく，道徳教育の全体計画では，教育関連法規，時代や社会のニーズ，教員や保護者の願いをしっかり受けとめながら，目の前の生徒の実態に即した計画をつくること，一人よがりにならないよう多くの人たちと協力し合い有機的な指導が可能となるような計画をつくることが肝心とされている。

2）年間指導計画

道徳教育の全体計画に基づき，「道徳の時間」の指導が，生徒の発達段階に即して計画的，発展的に行われるように組織された全学年にわたる年間の指導計画が「道徳の時間の年間指導計画」である。具体的には，道徳の時間に指導しようとする内容について，生徒の実態や多様な指導方法を考慮して，「学年ごと」に「主題」を構成し，それを年間を見通して適切に位置付け，配列し，展開の大要等を示したものである。「道徳の時間」の年間指導計画の意義は次の点にあるとされている。

道徳の時間の年間指導計画の意義

①3年間を見通した計画的・発展的な指導を可能にする。
②個々の学級において，道徳の時間の学習指導案を立案する拠り所となる。
学級相互，学年相互の教師間の研修などの手掛かりとなる。

年間指導計画の内容

年間指導計画は，以下の事項を含めて作成することが望ましいとされている。

①各学年の基本方針	
②各学年の年間にわたる指導の概要	
③指導の時期 （4月） : （3月）	主題名／ねらい／資料／主題構成の理由／展開の大要及び指導の方法／他の教育活動等における道徳教育との関連／その他，校長や教頭などの参加及び教師の協力的な指導計画，保護者や地域の人々の参加・協力の計画，複数の時間取り上げる内容項目の場合は，その全体の構想を示すこと等。

年間指導計画作成上の創意工夫と留意点

年間指導計画の創意工夫と留意点として，以下の点が挙げられている。

①年間授業時間数を確保できるようにする。
②主題の設定と配列を工夫する。
③計画的，発展的指導ができるように工夫する。
④内容の重点的な指導ができるように工夫する。
⑤生徒が自ら道徳性をはぐくむことができるように工夫する。
⑥弾力的な取扱いについて留意する。（例：時期・時数の変更／ねらいの変更／資料の変更／学習指導過程・指導方法の変更）
⑦年間指導計画の評価と改善を計画的に行うようにする。

3）学級における学習指導案と学習指導要録

　全体計画は，最終的には個々の「学級」において具体化がはかられることになる。そのため，道徳教育を確実に実行に移すためには，学級における指導の充実，徹底をはかることが不可欠である。それゆえ，学級担任は，学級の指導計画を全体計画に基づいて作成することになっている。学級における指導計画は，全体計画に基づき，学級において教師や生徒の個性を生かした道徳教育を展開するための指針となるものである。

学級における指導計画の内容

　学級における指導計画は，全体計画の実現に向けて以下の事項を含めて作成することが望ましいとされている。

基本的把握事項		
学級における生徒の道徳性の実態	学級における生徒の願いや保護者の願い／教師の願い	学級における道徳教育の基本方針

具体的計画事項									
各教科，総合的な学習の時間及び特別活動における道徳教育の概要	生徒指導にかかわる道徳教育の視点	学級生活における豊かな体験活動の計画	学級における教育環境の整備計画	基本的な生活習慣に関する指導計画	他の学級・学年との連携にかかわる内容と方法	家庭や地域社会との連携，授業等への参加や協力及び授業公開にかかわる内容と方法	その他（評価計画等）		

学級における指導計画作成上の創意工夫と留意点

　学級における指導計画作成上の創意工夫と留意点として，以下の点が挙げられている。

①学級担任の教師の個性を重視し，生き生きとした学級経営を行う基盤となるよう心掛ける。
②道徳教育の成果は，学級における日常生活の中に反映されるという認識に立ち，道徳の目標や内容に示される道徳性の具現化に努める。
③生徒の自発的，主体的な態度を伸ばすよう特に配慮する。
④他の学級や学年，保護者や地域との交流を積極的に図る。
⑤網羅的になることを避け，精選した内容にする。
⑥他の教師や保護者などの意見を取り入れ，改善したり付け加えたりする。
⑦学級における指導計画の基本的な内容を図式化するなど分かりやすくし，生徒や保護者も記述できる部分を設けるなど，学級や家庭で日常的に活用できるように工夫する。

　以上のごとく，学級における指導計画の作成では，担当の生徒や保護者の願いをきちんと把握しながら，全体計画で明確にされた全教育活動をしっかりと具現化させるため，学級における指導をどのように行うのか，具体的に計画することが肝心である。

　「学習指導案」は，教師が学級の生徒を指導するために作成する具体的な授業計画案のことであるが，「道徳の時間」における学習指導案には，定まった形式や基準はなく，基本的には現場の教師の創意工夫に任されているが，内容としては，以下のような内容を含めて作成される。

①主題名
原則として年間指導計画における主題名を記述する。
②ねらいと資料
年間指導計画を踏まえてねらいを記述するとともに資料名を記述する。
③主題設定の理由

年間指導計画における主題構成の背景などを確認するとともに，ねらいや指導内容についての指導者の基本的な考え方，それと関連する生徒の実態と教師の願い，使用する資料の特質や取り上げた意図及び生徒の実態とかかわらせた指導の方策などを記述する。

④指導区分

指導区分とは，１主題に２単位時間以上を充てて指導しようとする場合，それぞれの単位時間の指導が，全体としての主題の主導においてどのような位置にあるかを明らかにし，各単位時間の指導のねらいを示すものである。

⑤学習指導過程

ねらいに含まれる道徳的価値について，生徒が内面的な自覚を深めていくことを目指し，資料や生徒の実態などに応じて，教師がどのような指導を展開していくか，その手順を示すものである。一般的に，学習指導過程は，導入，展開，終末の各段階に区分し，生徒の学習活動，主な発問と生徒の予想される反応，指導上の留意点などを記載することが多い。生徒の実態や資料の特質，教師の指導の目的などに応じて多様な展開を工夫する必要がある。

⑥その他

道徳の時間の指導の効果を高めるために，事前指導と事後指導，各教科等における道徳教育との関連，体験活動や日常の個別指導との関連，校長や教頭などの参加，他の教師との協力指導，家庭や地域社会との連携，評価の観点等について示すことも大切である。

　学習指導案の主な作成手順は，以下の通りである。

①ねらいを検討する。

年間指導計画に示されている主題名とねらいを確認し，指導の内容や教師の指導意図を明らかにする。

②指導の要点を明確にする。

ねらいに関する生徒の実態，各教科，総合的な学習の時間及び特別活動における指導との関連も考慮し，指導の要点を明確にする。

③資料を吟味する。

ねらいとのかかわりで道徳的価値がどのように含まれているか,生徒の実態に適合しているか,更に資料をどのように活用すれば,生徒の学習意欲を高め,授業に深まりと広がりをもたせることができ,道徳的価値及びそれに基づいた人間としての生き方についての自覚を深めさせることが可能かどうかなどの観点から検討を加える。

④生徒の感じ方,考え方を予測し,主な発問を考える。

ねらいや指導内容及び資料について,生徒がどのように感じたり考えたりするのかを具体的に予測し,ねらいに的確に迫るための発問を考える。

⑤学習指導過程を考える。

ねらい,生徒の実態,資料の内容などから,授業の流れの中心となる展開の段階について考え,生徒の感じ方,考え方を一層深めるためにはどのような順序で発問すれば効果的かを検討する。その際,ねらいに迫るために展開の段階におけるそれぞれの発問が,全体の流れの中でそれぞれ意味をもつように,発問と発問とのかかわりを検討して,生徒が人間としての生き方について自ら問いかけるよう,発問構成を工夫し対話を深められるようにする。次に,その展開のための導入,終末はどうであったらよいかを考える。更に,生徒の心に響く道徳授業を工夫するために,体験活動や日常生活の具体的事柄をどのように活用するか検討する。

⑥板書計画を立てる。

ねらいにかかわって,指導の意図や資料の内容の整理,生徒の感じ方や考え方の整理をするために,板書を有効に活用することを検討する。学習指導過程との関連をもたせて計画を立てる。

⑦事前指導や事後指導について考える。

豊かな体験活動や日常的な指導,各教科等での指導との関連をはじめ事前の実態把握や事後の個別的な指導,家庭や地域社会との連携をも含めて検討する。

学習指導案（例）

「道徳の時間」の学習指導案

指導者　〇〇　〇〇

日時　平成〇年〇月〇日（〇）　第〇校時
学年・組　第〇学年〇組　男子〇名，女子〇名，計〇名

1. 主題名
2. ねらいと資料
3. 主題設定の理由

    指導観：

    生徒観：

    資料観：

4. 指導区分
5. 学習指導過程

	学習活動	予想される生徒の反応	指導上の留意点
導入			
展開			
終末			

6. （事前指導・事後指導／諸活動との関連／協力体制等／評価の観点／板書計画／資料の添付／考察（授業後）等

学習指導要録（参考様式）

中 学 校 生 徒 指 導 要 録 （参考様式）

様式1（学籍に関する記録）

区分 \ 学年	1	2	3
学　級			
整理番号			

学　籍　の　記　録

生徒	ふりがな		性別	入学・編入学等	平成　年　月　日　第1学年入学 　　　　　　　　第　学年編入学
	氏名				
	生年月日	平成　年　月　日生		転入学	平成　年　月　日　第　学年転入学
	現住所				
保護者	ふりがな			転学・退学等	（平成　年　月　日） 平成　年　月　日
	氏名				
	現住所			卒業	平成　年　月　日
入学前の経歴				進学先 就職先等	
学校名及び所在地 (分校名・所在地等)					

年　度	平成　年度	平成　年度	平成　年度
区分 \ 学年	1	2	3
校長氏名印			
学級担任者氏名印			

第Ⅲ章　道徳教育の実践に向けて　87

様式2（指導に関する記録）

生　徒　氏　名		学　校　名		区分＼学年	1	2	3
				学　級			
				整理番号			

各教科の学習の記録

I　観点別学習状況

教科	観点　　　　　　　　　　学年	1	2	3	教科	観　　点　　　　　　　　学年	1	2	3
国語	国語への関心・意欲・態度								
	話す・聞く能力								
	書く能力								
	読む能力								
	言語についての知識・理解・技能								
社会	社会的事象への関心・意欲・態度								
	社会的な思考・判断・表現								
	資料活用の技能								
	社会的事象についての知識・理解								

II　評　定

学年＼教科	国語	社会	数学	理科	音楽	美術
1						
2						
3						

学年＼教科	保健体育	技術・家庭	外国語
1			
2			
3			

教科	観点	1	2	3
数学	数学への関心・意欲・態度			
	数学的な見方や考え方			
	数学的な技能			
	数量や図形などについての知識・理解			
理科	自然事象への関心・意欲・態度			
	科学的な思考・表現			
	観察・実験の技能			
	自然事象についての知識・理解			

総合的な学習の時間の記録

学年	学習活動	観　点	評　価
1			
2			
3			

教科	観点	1	2	3
音楽	音楽への関心・意欲・態度			
	音楽表現の創意工夫			
	音楽表現の技能			
	鑑賞の能力			
美術	美術への関心・意欲・態度			
	発想や構想の能力			
	創造的な技能			
	鑑賞の能力			
保健体育	運動や健康・安全への関心・意欲・態度			
	運動や健康・安全についての思考・判断			
	運動の技能			
	運動や健康・安全についての知識・理解			
技術・家庭	生活や技術への関心・意欲・態度			
	生活を工夫し創造する能力			
	生活の技能			
	生活や技術についての知識・理解			
外国語	コミュニケーションへの関心・意欲・態度			
	外国語表現の能力			
	外国語理解の能力			
	言語や文化についての知識・理解			

特別活動の記録

内　容	観点＼学年	1	2	3
学級活動				
生徒会活動				
学校行事				

生徒氏名		

行 動 の 記 録								
項目＼学年	1	2	3	項目＼学年	1	2	3
基本的な生活習慣				思いやり・協力			
健康・体力の向上				生命尊重・自然愛護			
自主・自律				勤労・奉仕			
責任感				公正・公平			
創意工夫				公共心・公徳心			

総合所見及び指導上参考となる諸事項
第1学年
第2学年
第3学年

出 欠 の 記 録					
区分＼学年	授業日数	出席停止・忌引等の日数	出席しなければならない日数	欠席日数	出席日数	備考
1						
2						
3						

4）「道徳の時間」の展望

　1958（昭和33）年に「道徳の時間」が特設されてから今日まで，様々な問題点の指摘とともに現在，「道徳の時間」の教科化をめぐる議論が再燃してきている。現段階では，文部科学省は「担当者」と「評価」を現状のままとしつつ，

第Ⅲ章　道徳教育の実践に向けて　89

教材のみ「教科書」とする方針を打ち出している。しかし，採択の余地は残るにせよ，「教科書」を置くということは，現状よりは教師の裁量を制限していく方向性を有しているだけに慎重な意見も少なくない。数年前に一度見送りとなったが現在でも教科化に向けた準備が進められている。こうした，「道徳の時間」の教科化の行方も気になるところであるが，もう一方で見過ごせないのがそうしている間にも急激な勢いで進められていく公立校における教育改革の動向である。

なかでも注目すべきは「教育課程特例校」（構造改革特別区域法に基づき，学校教育法施行規則第55条の2等により，学校又は地域の特色を生かし，学習指導要領によらない特別の教育課程を編成し，実施できる学校であり，文部科学大臣が認定）の取り組みであろう。これらの取り組みは「教育の機会均等」や「教育格差」といった観点から話題となることが多いが，この点を道徳教育との関連で考えてみると興味深い点も浮かび上がってくる。

例えば，品川区の「市民科」のようなケースを考えてみたい。品川区では，「道徳の時間」と「総合的な学習の時間」と「特別活動」を統合するかたちで「市民科」という科目を新設した。そして，この「市民科」では区独自で作成した「教科書」を作成している。そして，この教科書を通して見る市民科のイメージはどちらかといえば，個人の権利よりも「義務」や「責任」，「規範意識」といった「社会のルール」をしっかり教えていこうとする点に重きが置かれているような印象を受ける。

機会があったら，前項で見てきた諸外国における市民教育と比較し，両者の共通点と相違点について調べてみても面白いかもしれないが，差し当たりここで触れておきたいのは，「領域」とくに「道徳の時間」において「教科書」を置くことの是非をめぐって何十年にも渡る論争が繰り広げられてきた，そして今も繰り広げられているなか，「市民科」はすでに「教科書」を作成しているという事実である。もちろん，「道徳の時間」と「市民科」では，置かれた経緯もねらいも違うので単純に比較することはできない。しかし，「領域」の歴史的変遷や特質を考えてみたとき，これらの活動にとってかわられた新設科目

において「教科書」が作成・配布されている事実を，現場の教師たち一人ひとりはいったいどのように感じているのであろうか。

　「道徳の時間」をはじめ，「総合的な学習の時間」や「特別活動」といった，いわゆる「領域」における活動は，「教科書」や「指導書」が充実している他の教科活動に比べ，一人ひとりの教師の力量，それこそ知識だけでなく想像や創造力，アイデアを形にする実行力，臨機応変に適切な対応が求められる。そういった意味でも極めて高い知性が強く求められる活動であり，個々人の差が顕著にあらわれてしまう。とくに受け身的な活動に慣れてしまっている人たちは自分に与えられる裁量が大きければ大きいほど，「喜び」や「やりがい」よりも「不安」や「やりずらさ」を感じてしまうことが多い。そのような人たちが領域の活動を担当した場合，中々アイデアも出ず，行き詰ってしまうこともあるだろう。教科書や指導書といったマニュアルは，差し当たりはそのような人たちでも授業を行えることを可能とさせるので，公教育現場における最低限の質の保障ということを考えると一見良いように思われる。しかしながら，こうしたマニュアルを必要とする人たちの力量に合わせた運営をベースにしてしまうと，一方で優秀な教師たちによる創意工夫の意欲や機会を奪い，かえって現場の士気の低下を招くといった弊害も考えられなくない。

　この点に関して，同じ「教育課程特例校」であっても，つくば市で品川区とはまた様子の違った改革への取り組みが進められている。つくば市では2012（平成24）年度からすべての市立小中学校が「教育課程特例校」として認定されたことにより，認定に基づいた特別な教育課程を編成し，実施することになった。つくば市も品川区と同様に９年間を通した学び（小中一貫教育）の在り方を模索しているわけであるが，つくば市においては，「国際理解（小学校１学年）」「環境」「科学技術」「歴史・文化」「キャリア」「福祉」「豊かな心」という７つの学習テーマから成る「つくばスタイル科」を，小学校第１学年から中学校第３学年まで新設した。「つくばスタイル科」の場合，小学校第１学年と第２学年においては，現行の教育課程の「生活科」「道徳」「特別活動」の一部を，小学校第３学年から中学校３学年においては，「総合的な学習の時間」

の全時間と「道徳」「特別活動」の一部の時間を統合して行われることになっている。(2012 (平成24) 年度は差し当たり5時間程度の配分。学年によって異なるが年間60～115時間が「つくばスタイル科」にあてられることになっているようである。)

　「つくばスタイル科」の場合は，基本的に「総合的な学習の時間」をベースに置いているためか，「教科書」は作成されておらず，「コア単元の一覧及び単元プランシート」が用意されている。シートには「単元目標」と「身につけるべきスキル」が各時の学習活動とともに設定されており，そのスキルは「単元ごと」に設定されている。そして，そこでは児童生徒の「興味や生活に関連した題材を取り上げるとともに，プロジェクト型学習の利点を生かしながら，スキルと内容が結びつくよう支援すること」が，授業の実践者である「教師たち」に求められている。もちろん，実態として，その通り運用されていくかどうかといった点に関しては別途検証が必要になってくるであろうが，少なくとも現段階における位置づけを見た限りにおいては，結果として「領域」としての特質をうまく踏襲しているように思われる。それはつまり，「教師自身が柔軟な発想やアイデアをもつこと」や「独自の単元開発や教材づくり」に務めることが教師一人ひとりに求められ，それゆえ，教師一人ひとりの成長への可能性が広がっていることを予感させるものということである（巻末資料(9)(10)参照）。

　このように，今日，教育改革ブームの流れのなかで「道徳の時間」は新たな分岐点に差し掛かっているといえよう。今後，教科としての枠組みが復活され，強化されていく方向で固められていくのか，それとも，大きな改革のなかで別の科目ないしプロジェクトのなかに吸収・解体されていくのか，あるいは多様な在り方が併存されていくのか，そういった動向にも注意する必要があるだろう。とくに今日のような状況においては，文部科学省のHPや学習指導要領はもちろんのこと，それ以外の各自治体や地方の公立学校の情報を積極的にフォローしていくことが欠かせない。さらにいえば，教育に関して，私立学校やフリースクール，社会教育へと視野を広げ，より多角的な視野で教育について考

えていくことも大切であり，講義が終わっても自ら積極的に情報の更新をはかっていくように心がけてほしい。

≪主要参考文献一覧≫

●第Ⅰ章
文部科学省「平成23年度『児童生徒の問題行動等生徒指導上の諸問題に関する調査』について」
（http://www.mext.go.jp/b_menu/houdou/24/09/__icsFiles/afieldfile/2012/09/11/1325751_01.pdf/2013.1.28）
国立教育政策研究所「生徒指導資料　第1集（改訂版）生徒指導上の諸問題の推移とこれからの生徒指導」ぎょうせい，2009年
（http://www.nier.go.jp/shido/centerhp/1syu-kaitei/1syu-kaitei.htm/2013.1.28）
文部科学省「教育三法の改正について」
（http://www.mext.go.jp/a_menu/kaisei/index.htm/2013.1.28）
文部科学省『小学校学習指導要領解説（道徳編）』2008年
文部科学省『中学校学習指導要領解説（道徳編）』2008年
文部科学省「新学習指導要領・生きる力」
（http://www.mext.go.jp/a_menu/shotou/new-cs/youryou/index.htm/2013.1.28）
文部科学省「学習評価・指導要録　関係報告・通知」
（http://www.mext.go.jp/a_menu/shotou/new-cs/youryou/1304432.htm/2013.1.28）
文部科学省「心のノート」「道徳教育関係資料」
（http://www.mext.go.jp/a_menu/shotou/doutoku/index.htm/2013.1.28）
永田繁雄・島恒生編『道徳教育推進教師の役割と実際』教育出版，2010年
小沢牧子・長谷川孝編『「心のノート」を読み解く』かもがわ出版，2003年
三宅晶子『「心のノート」を考える』岩波ブックレット，2003年
伊藤哲司『「心のノート」逆活用法』高文研，2004年
吉田武男・藤田晃之編著『カウンセリング依存症』明治図書，2007年

●第Ⅱ章
梅根悟監『道徳教育史Ⅰ・Ⅱ』（世界教育史体系　第39・40巻）講談社，1977年
小松周吉監『日本教育史Ⅰ・Ⅱ・Ⅲ』（世界教育史体系　第1・2・3巻）講談社，1976年
海後宗臣『児童観の展開』（近代日本教育論集　第5巻）国土社，1969年

唐澤富太郎『教科書の歴史』倉文社，1956年
岩本俊郎・志村欣一編『[新版] 史料・道徳教育の研究』北樹出版，1994年
山田恵吾・貝塚茂樹編『教育史からみる学校・教師・人間像』梓出版，2005年
中村紀久二『復刻　国定修身教科書　解説・索引』大空社，1994年
文部省『尋常小學修身書』南江堂，1905年（『復刻　国定修身教科書』大空社，1990年）
文部省『尋常小學修身書』東京書籍，1911年（『復刻　国定修身教科書』大空社，1990年）
文部省『尋常小學修身書』東京書籍，1921年（『復刻　国定修身教科書』大空社，1990年）
文部省『尋常小學修身書』日本書籍，1937年（『復刻　国定修身教科書』大空社，1990年）
文部省『尋常小學修身書』東京書籍，1939年（『復刻　国定修身教科書』大空社，1990年）
文部省『ヨイコドモ上』日本書籍，1941年（『復刻　国定修身教科書』大空社，1990年）
文部省『ヨイコドモ上教師用』東京書籍，1941年
横須賀薫監修『図説　教育の歴史』河出書房新社，2008年
小砂丘忠義『私の綴方生活』モナス，1938年
国分一太郎『生活綴方とともにⅠ・Ⅱ』（国分一太郎文集５）新評論，1984年
中野光『大正自由教育の研究』黎明書房，1968年
武藤孝典・木原孝博『生活主義の道徳教育』明治図書，1978年
東京市政調査会編「自治及修身教育批判」『日本教育史基本文献・史料叢書42』1997年
文部省編「国民道徳ニ関スル講演」『日本教育史基本文献・史料叢書４』大空社，1991年
梅根悟他編『資料　日本教育実践史４』三省堂，1979年
戦後日本教育史料集成編集委員会編『戦後日本教育史料集成第四巻』三一書房，1983年
間瀬正次『戦後日本道徳教育実践史』『道徳教育全集５』明治図書，1982年
久木幸男・鈴木英一・今野喜清編『日本教育論争史録第４巻　現代編（下）』第一法規，1980年
吉田武男他『道徳教育の変成と課題—心からつながりへ—』学文社，2010年

●第Ⅲ章
武藤孝典・新井浅浩編『ヨーロッパの学校における市民的社会性教育の発展—フランス・ドイツ・イギリス—』東信堂，2007年
嶺井明子『世界のシティズンシップ教育—グローバル時代の国民／市民形成—』東信堂，2007年
石堂常世代表『フランスの道徳・公民教育』（論文集・資料集）早稲田大学教育学部，1991年
デュルケム著，麻生誠・山村健訳『道徳教育論1・2』明治図書，1964年
吉田武男『シュタイナーの人間形成論—道徳教育の転換を求めて—』学文社，2008年
トーマス・リコーナー著，水野修次郎・望月文明訳『「人格教育」のすべて—家庭・学校・地域社会ですすめる心の教育—』麗澤大学出版，2005年
トーマス・リコーナー・マシュー・ディビッドソン著，柳沼良太・吉田誠訳『優秀で善良な学校—新しい人格教育の手引き』慶應義塾大学出版会，2012年
荒木紀幸『道徳教育はこうすればおもしろい—コールバーグ理論とその実践—』北大路書房，1988年
細戸一佳「コールバーグのジャストコミュニティアプローチにおける提唱概念について—インドクトリネーションとの関係を中心に—」『関東教育学会紀要』第37号，2010年
トマス・ゴードン著，近藤千恵訳『親業—子どもの考える力をのばす親子関係のつくり方—』大和書房，1998年
トマス・ゴードン著，奥沢良雄他訳『T・E・T教師学—効果的な教師＝生徒関係の確立—』小学館，1985年
文部省「人権教育についての基礎資料」
（http://www.mext.go.jp/a_menu/shotou/jinken/siryo/index.htm/2013.1.28）
福田弘編『道徳教育資料集』IPC出版，2004年
福田弘『人権意識を高める道徳教育』学事出版，1996年
福田弘編訳『人権・平和教育のための資料集』明石書店，2003年
福田弘訳，ヨーロッパ評議会企画『人権教育のためのコンパス［羅針盤］学校教育・生涯学習で使える総合マニュアル』明石書店，2006年
長田新訳『隠者の夕暮・シュタンツだより』岩波書店，1954年
福田弘『人間性尊重教育の思想と実践—ペスタロッチ研究序説—』明石書店，2002年
ルソー著，今野一雄訳『エミール　上・中・下』，岩波書店，1962-1964年
ルソー著，長尾十三二他訳『エミール　1・2・3』，明治図書，1967-1969年
つくば市総合教育研究所編『つくば発！小中一貫教育が世界を変える—新設「つくばスタイル科」の取り組み—』東京書籍，2012年

参 考 資 料

(1) 大日本帝国憲法（抄）

一 日 本

1 大日本帝國憲法（抄）

一八八九（明二二）・二・一一発布
一八九〇（明二三）・一一・二九施行

第一章 天皇

第一條　大日本帝國ハ萬世一系ノ天皇之ヲ統治ス
第二條　皇位ハ皇室典範ノ定ムル所ニ依リ皇男子孫之ヲ繼承ス
第三條　天皇ハ神聖ニシテ侵スヘカラス
第四條　天皇ハ國ノ元首ニシテ統治權ヲ總攬シ此ノ憲法ノ條規ニ依リ之ヲ行フ
第五條　天皇ハ帝國議會ノ協贊ヲ以テ立法權ヲ行フ
第六條　天皇ハ法律ヲ裁可シ其ノ公布及執行ヲ命ス
第九條　天皇ハ法律ヲ執行スル爲ニ又ハ公共ノ安寧秩序ヲ保持シ及臣民ノ幸福ヲ增進スル爲ニ必要ナル命令ヲ發シ又ハ發セシムルコトヲ得但シ命令ヲ以テ法律ヲ變更スルコトヲ得ス
第十一條　天皇ハ陸海軍ヲ統帥ス
第十二條　天皇ハ陸海軍ノ編制及常備兵額ヲ定ム
第十三條　天皇ハ戰ヲ宣シ和ヲ講シ及諸般ノ條約ヲ締結ス
第十四條　天皇ハ戒嚴ヲ宣告ス
②戒嚴ノ要件及效力ハ法律ヲ以テ之ヲ定ム

第二章 臣民權利義務

第十八條　日本臣民タルノ要件ハ法律ノ定ムル所ニ依ル
第十九條　日本臣民ハ法律命令ノ定ムル所ノ資格ニ應シ均ク文武官ニ任セラレ及其ノ他ノ公務ニ就クコトヲ得
第二十條　日本臣民ハ法律ノ定ムル所ニ從ヒ兵役ノ義務ヲ有ス
第二十一條　日本臣民ハ法律ノ定ムル所ニ從ヒ納稅ノ義務ヲ有ス
第二十八條　日本臣民ハ安寧秩序ヲ妨ケス及臣民タルノ義務ニ背カサル限ニ於テ信敎ノ自由ヲ有ス
第二十九條　日本臣民ハ法律ノ範圍內ニ於テ言論著作印行集會及結社ノ自由ヲ有ス
第三十條　日本臣民ハ相當ノ敬禮ヲ守リ別ニ定ムル所ノ規程ニ從ヒ請願ヲ爲スコトヲ得

第五章 司法

第五十七條　司法權ハ天皇ノ名ニ於テ法律ニ依リ裁判所之ヲ行フ
②裁判所ノ構成ハ法律ヲ以テ之ヲ定ム

第七章 補則

第七十三條　將來此ノ憲法ノ條項ヲ改正スルノ必要アルトキハ勅命ヲ以テ議案ヲ帝國議會ノ議ニ付スヘシ
②此ノ場合ニ於テ兩議院ハ各其ノ總員三分ノ二以上出席スルニ非サレハ議事ヲ開クコトヲ得ス出席議員三分ノ二以上ノ多數ヲ得ルニ非サレハ改正ノ議決ヲ爲スコトヲ得ス
第七十四條　皇室典範ノ改正ハ帝國議會ノ議ヲ經ルヲ要セス
②皇室典範ヲ以テ此ノ憲法ノ條規ヲ變更スルコトヲ得ス

（岩本俊郎・志村欣一ほか編『〔新版〕史料・道徳教育の研究』北樹出版，1994年，p.17）

(2) 教育ニ関スル勅語（教育勅語）

教育ニ関スル勅語

朕惟フニ我カ皇祖皇宗國ヲ肇ムルコト宏遠ニ德ヲ樹ツルコト深厚ナリ我カ臣民克ク忠ニ克ク孝ニ億兆心ヲ一ニシテ世世厥ノ美ヲ濟セルハ此レ我カ國體ノ精華ニシテ教育ノ淵源亦實ニ此ニ存ス爾臣民父母ニ孝ニ兄弟ニ友ニ夫婦相和シ朋友相信シ恭儉己レヲ持シ博愛衆ニ及ホシ學ヲ修メ業ヲ習ヒ以テ智能ヲ啓發シ德器ヲ成就シ進テ公益ヲ廣メ世務ヲ開キ常ニ國憲ヲ重シ國法ニ遵ヒ一旦緩急アレハ義勇公ニ奉シ以テ天壤無窮ノ皇運ヲ扶翼スヘシ是ノ如キハ獨リ朕カ忠良ノ臣民タルノミナラス又以テ爾祖先ノ遺風ヲ顯彰スルニ足ラン斯ノ道ハ實ニ我カ皇祖皇宗ノ遺訓ニシテ子孫臣民ノ俱ニ遵守スヘキ所之ヲ古今ニ通シテ謬ラス之ヲ中外ニ施シテ悖ラス朕爾臣民ト俱ニ拳々服膺シテ咸其德ヲ一ニセンコトヲ庶幾フ

明治二十三年十月三十日

御名　御璽

（長野県須坂市博物館所蔵，撮影・岩本努氏）

3 Imperial Rescript on Education

Know ye, Our subjects:
Our Imperial Ancestors have founded Our Empire on a basis broad and everlasting and have deeply and firmly implanted virtue; Our subjects ever united in loyalty and filial piety have from generation to generation illustrated the beauty thereof. This is the glory of the fundamental character of Our Empire, and herein also lies source of Our education. Ye, Our subjects, be filial to your parents, affectionate to your brothers and sisters; as husbands and wives be harmonious, as friends true; bear yourselves in modesty and moderation; extend your benevolence to all; pursue learning and cultivate arts, and thereby develop intellectual faculties and perfect moral powers; furthermore advance public good and promote common interests; always respect the Constitution and observe the laws; should emergency arise, offer yourselves courageously to the State; and thus guard and maintain the prosperity of Our Imperial Throne coeval with heaven and earth. So shall ye not only be Our good and faithful subjects, but render illustrious the best traditions of your forefathers.
The Way here set forth is indeed the teaching bequeathed by Our Imperial Ancestors, to be observed alike by Their Descendants and the subjects, infallible for all ages and true in all places. It is Our wish to lay it to heart in all reverence, in common with you, Our subjects, that we may all thus attain to the same virtue.

The 30th day the 10th month
of the 23rd of the Meiji.

(Imperial Sign Manual. Imperial Seal.)

((2)に同じ，p.18)

(3) 日本国憲法（抄）

4 日本国憲法 (抄)

一九四六（昭二一）・一一・三公布
一九四七（昭二二）・五・三施行

日本国民は、正当に選挙された国会における代表者を通じて行動し、われらとわれらの子孫のために、諸国民との協和による成果と、わが国全土にわたつて自由のもたらす恵沢を確保し、政府の行為によつて再び戦争の惨禍が起ることのないやうにすることを決意し、ここに主権が国民に存することを宣言し、この憲法を確定する。そもそも国政は、国民の厳粛な信託によるものであつて、その権威は国民に由来し、その権力は国民の代表者がこれを行使し、その福利は国民がこれを享受する。これは人類普遍の原理であり、この憲法は、かかる原理に基くものである。われらは、これに反する一切の憲法、法令及び詔勅を排除する。

日本国民は、恒久の平和を念願し、人間相互の関係を支配する崇高な理想を深く自覚するのであつて、平和を愛する諸国民の公正と信義に信頼して、われらの安全と生存を保持しようと決意した。われらは、平和を維持し、専制と隷従、圧迫と偏狭を地上から永遠に除去しようと努めてゐる国際社会において、名誉ある地位を占めたいと思ふ。われらは、全世界の国民が、ひとしく恐怖と欠乏から免かれ、平和のうちに生存する権利を有することを確認する。

われらは、いづれの国家も、自国のことのみに専念して他国を無視してはならないのであつて、政治道徳の法則は、普遍的なものであり、この法則に従ふことは、自国の主権を維持し、他国と対等関係に立たうとする各国の責務であると信ずる。

日本国民は、国家の名誉にかけ、全力をあげてこの崇高な理想と目的を達成することを誓ふ。

第一章　天　皇

第一条　天皇は、日本国の象徴であり日本国民統合の象徴であつて、この地位は、主権の存する日本国民の総意に基く。

第四条　天皇は、この憲法の定める国事に関する行為のみを行ひ、国政に関する機能を有しない。

天皇は、法律の定めるところにより、その国事に関する行為を委任することができる。

第六条　天皇は、国会の指名に基いて、内閣総理大臣を任命する。

天皇は、内閣の指名に基いて、最高裁判所の長たる裁判官を任命する。

第七条　天皇は、内閣の助言と承認により、国民のために、左の国事に関する行為を行ふ。

一　憲法改正、法律、政令及び条約を公布すること。
二　国会を召集すること。
三　衆議院を解散すること。
四　国会議員の総選挙の施行を公示すること。
五　国務大臣及び法律の定めるその他の官吏の任免並びに全権委任状及び大使及び公使の信任状を認証すること。
六　大赦、特赦、減刑、刑の執行の免除及び復権を認証すること。

(4) 第5期国定修身教科書

(文部省『ヨイコドモ上　児童用』〈復刻版〉東京書籍，1941年，pp.8-9)

私タチハ、
日本ノ 子ドモ
デス。
小サイケレドモ、
ミンナ
日本ノ
コクミン
デス。

先生ノ
ヲシヘヲ
ヨク マモリ
マス。
コンド
ソロッテ、
二年生ニ
ナリマス。

(同上，pp.42-43)

(5) 第5期国定修身教科書（教師用）

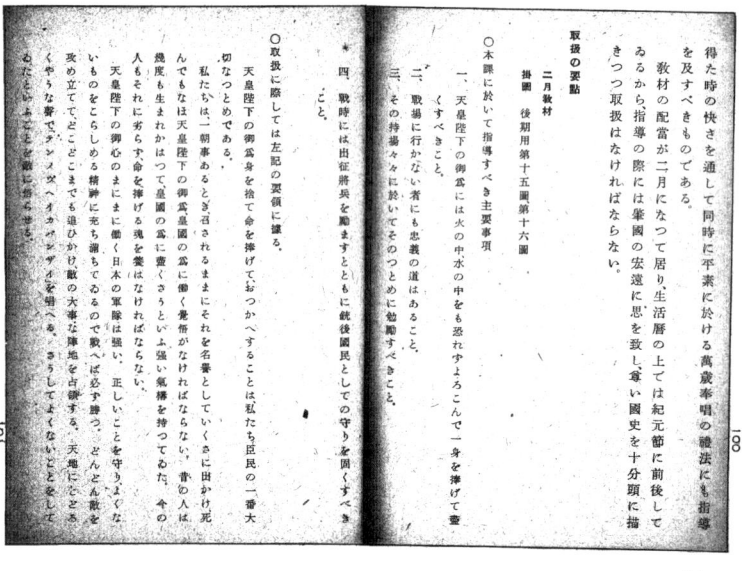

取扱の要點

掛圖　後期用第十五圖第十六圖

二月教材

○本課に於いて指導すべき主要事項

一、天皇陛下の御爲には火の中水の中をも恐れずよろこんで一身を捧げて盡くすべきこと。

二、職場に行かない者にも忠義の道はあること。

三、その持場々々に於いてそのつとめに勉励すべきこと。

○取扱に際しては左記の要領に據る。

一、天皇陛下の御爲身を捨てて命を捧げて盡くすることは、私たち臣民の一番大切なつとめである。

私たちは、一朝事あるとき召されるままにそれを名譽としていくさに出かけ死んでもなほ天皇陛下の御爲皇國の爲に働く覺悟がなければならない。昔の人は幾度も生まれかはり命を捧げて星圍に盡くさうといふ強い氣構を持ってゐた。今の人も劣らず命を捧げる魂を養はなければならない。天皇陛下の御心のまゝに働く日本の軍隊は強い。正しいことを守らうとする精神に充ち溢れてゐるので戰へば必ず勝つ。どんな敵を攻め立ててもひかげる大事な陣地を占領する。天地に恥ぢないことをしてゐるからである。かうしてよくないことをしてテメレイ〔デタラメ〕かへりみることをしてヘイカンザイを唱へる。

四、戰時には出征將兵を勵ますとともに銃後國民としての守りを固くすべきこと。

得た時の快さを通して同時に平素に於ける萬歳奉唱の禮法にも指導を及ぶすべきものである。

教材の配當が二月になって居り、生活暦の上では紀元節に前後してあるから指導の際には皇國の宏遠に思を致し尊い國史を十分頭に描きつつ取扱はなければならない。

○本課に因んで特に注意すべき禮法

掛圖第十六圖を用ひて兒童の實驗を指導する。

焼けつくやうな夏の日も凍てつくやうな冬の日も野を越え山を越えて進撃する、泥深い川を肩でして渡りながら渡つたり路を失つて水田に落ちこんだりして、海の上でもはげしい波風にさらされながら軍艦といのちを共にして天皇陛下の御爲には果はない働きをした。

天皇陛下の御稜威の下に私たちの祖先がみんな命を捧げて働いたので我が國はいよいよ榮えて日本はりっぱな國だ強い國だといふことが世界に知られるやうになった。みんな祖先の人の敷に倣つて天皇陛下に忠義をつくさなければならない。

一、國旗は大切にしてその取扱をていねいにすること、汚したり地に落ちたりしてはならないこと。

二、國旗は祭祭日その他公の意味ある場合にのみ掲揚し私事には掲揚しないこと。

三、天皇陛下の萬歳を奉唱するにはその場合に於ける適當な人の發聲によって三唱すること。

テンノウヘイカ　バンザイ、（唱和バンザイ）
バンザイ　（唱和バンザイ）
バンザイ　（唱和バンザイ）

四、萬歳奉唱のときには姿勢を正して脱帽し兩手を高く擧げて勇ましい聲で唱和すること。

備考

一、ヨミカタ二ノ下ダイゴクワと關聯する。

二、紀元節について簡單に指導する。

三、師範修身書参一第十六課克く忠に克く孝に参照。

○本課に於いて指導すべき主要事項
一、來客に對しては挨拶をすること。
「イラツシャイ」「イラツシャイマセ」「オイデナサイ」「コンニチハ」等。
二、近所の人に出逢った時も挨拶をすること。
三、來客のあつた場合家人にいひつけられた時には玄關に出迎へ挨拶をして然る後に取りつぐこと。
四、茶托又は茶臺に載せ兩手で持ち客の前に進めること。
五、菓子などの運び方も茶の場合に準ずべきこと。

○取扱に際しては左記の要領に據る。
茶菓の進め方は、この時期に於ける兒童にとつては必ずしも容易ではないから細部に亙つての指導はむしろ控へて然るべきである。適宜實習せしめてみるもよい。みなの子どもに離しも行へるところであるといふ氣持をつよく抱かしめるため教材の示す私を主體としての生活記錄を反復讀誦せしめることも一つの工夫である。

備考
一、「キマリヨク」のところで一應指導した坐體立ち方を復習させる。
二、師範修身書卷一第十二課禮儀參照。

十八　バンザイ

教材の題旨
忠義の心をふるひ起させ天皇陛下の御爲には一身を捧げて奉公の

誠を致し忠良なる臣民たるやうに心掛けさせることを主題とした教材である。
平時に於いてのみでなく非常の場合に直面してもなほ恐れずため らはず奉公の誠を致すことこそ日本國民の眞の姿である。卽ち「一旦 緩急アレハ義勇公ニ奉シ以テ天壤無窮ノ皇運ヲ扶翼し奉らんとする ところに我が國民道德の根幹がある。忠良なる臣民たらんことを志 し忠に統一されてこそ、はじめてすべての行爲が道德的たり得るので ある。教育の目的も亦ここに生れる。教育の任に當るものは この信念を堅持して以て指導に當らなければならない。
しかし注意すべきは教育に關する勅語に、我カ臣民克ク二とせ られてあることは勿論いくさの場合にのみ適用せらるべ きものではない。國民がそれぞれにその處を得て億兆一心の實を舉 げることこそ、天壤無窮の皇運を扶翼し奉る所以である。指導 に當つては明治天皇の御製にほどくくにいろ/\をつくす國民のちか らはもがもとわが力なりと仰せられてある御趣旨を十分に體せしめな ければならない。
しかもこの教材は忠義といふ觀念を植ゑつけるのではなく兒童の 情意に訴へて忠義な行ひをさせるといふことが主題になつてゐる。 この點に留意して取扱の場合には兒童の心理に印象深く刻み込ませ ようとする點から正を守つて邪をこらす敢然たる敵の城塞に日の丸の旗を 高く揚げるに至るまでの過程を説き聞かせるもよい。さうしてそこで 滿ちたものであることを論すべきである。しかしよろこび勇んで死に赴 な仕事であることをここで堅く慣まなければならない。 天皇陛下の御爲御國の爲にさしぐる赤心の後に起るバンザイ、バンザイ、バンザイ、バンザ くといふことから血なまぐさい戰場の話に深入りして兒童を暗澹た る感じに包ませることはここで堅く愼まなければならない。 たほこの教材は敵の陣地占領の後に起るバンザイ、バンザイ、バンザ イと高らかな勇ましい叫び聲と、しまなものを廣慶し正しさを守り

（文部省『ヨイコドモ上　教師用』東京書籍，1941年，pp.96-103）

(6) 教育基本法（新旧対照表）

改正前後の教育基本法の比較

（※下線部・枠囲いは主な変更箇所）

改正後の教育基本法 （平成１８年法律第１２０号）	改正前の教育基本法 （昭和２２年法律第２５号）
前文 　我々日本国民は、たゆまぬ努力によって築いてきた民主的で文化的な国家を更に発展させるとともに、世界の平和と人類の福祉の向上に貢献することを願うものである。 　我々は、この理想を実現するため、個人の尊厳を重んじ、真理と正義を希求し、<u>公共の精神を尊び、豊かな人間性と創造性を備えた</u>人間の育成を期するとともに、<u>伝統を継承し、</u>新しい文化の創造を目指す教育を推進する。 　ここに、我々は、日本国憲法の精神にのっとり、我が国の<u>未来を切り拓く</u>教育の基本を確立し、その振興を図るため、この法律を制定する。 第一章　教育の目的及び理念 （教育の目的） 第一条　教育は、人格の完成を目指し、平和で民主的な国家及び社会の形成者として必要な資質を備えた心身ともに健康な国民の育成を期して行われなければならない。	前文 　われらは、さきに、日本国憲法を確定し、民主的で文化的な国家を建設して、世界の平和と人類の福祉に貢献しようとする決意を示した。この理想の実現は、根本において教育の力にまつべきものである。 　われらは、個人の尊厳を重んじ、真理と平和を希求する人間の育成を期するとともに、普遍的にしてしかも個性ゆたかな文化の創造をめざす教育を普及徹底しなければならない。 　ここに、日本国憲法の精神に則り、教育の目的を明示して、新しい日本の教育の基本を確立するため、この法律を制定する。 第一条（教育の目的）　教育は、人格の完成をめざし、平和的な国家及び社会の形成者として、真理と正義を愛し、個人の価値をたつとび、勤労と責任を重んじ、自主的精神に充ちた心身ともに健康な国民の育成を期して行われなければならない。

改正後の教育基本法 (平成18年法律第120号)	改正前の教育基本法 (昭和22年法律第25号)
（教育の目標） 第二条　教育は、その目的を実現するため、学問の自由を尊重しつつ、次に掲げる目標を達成するよう行われるものとする。 一　幅広い知識と教養を身に付け、真理を求める態度を養い、豊かな情操と道徳心を培うとともに、健やかな身体を養うこと。 二　個人の価値を尊重して、その能力を伸ばし、創造性を培い、自主及び自律の精神を養うとともに、職業及び生活との関連を重視し、勤労を重んずる態度を養うこと。 三　正義と責任、男女の平等、自他の敬愛と協力を重んずるとともに、公共の精神に基づき、主体的に社会の形成に参画し、その発展に寄与する態度を養うこと。 四　生命を尊び、自然を大切にし、環境の保全に寄与する態度を養うこと。 五　伝統と文化を尊重し、それらをはぐくんできた我が国と郷土を愛するとともに、他国を尊重し、国際社会の平和と発展に寄与する態度を養うこと。	第二条（教育の方針）　教育の目的は、あらゆる機会に、あらゆる場所において実現されなければならない。この目的を達成するためには、学問の自由を尊重し、実際生活に即し、自発的精神を養い、自他の敬愛と協力によって、文化の創造と発展に貢献するように努めなければならない。

（文部科学省のホームページ「教育基本法資料室」）

(7) 教育の中立性の維持について／中学生日記欄外記事

「平和の仮面を剝ぐ」という論文に右の如き論説がある。

八月

原爆

九年前の今日はアメリカ人が広島に原子爆弾をさく裂して多くの友達や両親兄弟を奪った悲しい日です。

僕達は学校で「人の命」を大切にするように習っています。

ユネスコ憲章も、日本の憲法も戦争しない事を固く誓っています。

それなのにアメリカやイギリスその他の国は、まだ〳〵恐ろしい水素爆弾など発明して、その強さを自慢しあっています。

一体原爆についてアメリカ人たちはどのように考えているのでしょうか。

「原爆と社会心理学」というアメリカの学者の書いた本に世論調査の結果が次のようにのっていました。それによると

○ どうせ死ぬのだから「原子爆弾」で死んでも止むを得ない。

○ 自分の頭の上に落ちることはあるまい。

○ アメリカが先きにやっつけるだろう。

このような無責任な考え方をしている人が大部分だそうです。

また先日のニュース映画でアメリカの原爆避難訓練の場面が出ていましたが

木の根に身をかくす人。ビルディングのかげに伏せる人。机の下にもぐりこむ人。

実にこっけいでした。あんなことで原爆が防げると思っているのでしょうか？ 世界の人々は「原爆々々」或いは「水爆」と恐れていますが本当に、あの物凄さは原爆の実験の道具にされた日本人しかわかるものではないと思いました。

近頃盛んに外国では「アジヤ戦争はアジヤ人の手で」と言っていますが、アジヤのどの国も戦争を進んでしなければならない国は一つとしてありません。

皆さんこの目で見、この耳で聴き、この手で感覚出来ない、違い所の世界の出来事は唯新聞・ラジオを通して我々に達するうちに、どんな人達が、どんな組織や力と結びついて、どんな国際事件がおこっているのであろうか。そして人類の歴史は、平和へか戦争へか、幸福へか不幸へか、とにかくどちらかの道へ、諸君が日記をめくっているごとに進んでいるのである。

まのことが言われている。新聞・ラジオでは、〈ア〉やれ休戦会談とか、捕虜送還問題とか、平壌爆撃とか、細菌戦問題とか、アメリカ軍専門家の視察、ダレス氏・アイゼンハウワー米大統領の南鮮視察等とめまぐるしい情勢の変化は、いったいどこまで続いて、いったいどう落ちつくのか」と。

三段かまえの破壊、即ち、第一段大爆弾でたたき、第二段焼夷弾で焼き払い次いでは、消火作業をしている路上の婦人・子供たちまで、低空飛行で機銃掃射でみな殺しにするといった徹底的破壊をやっている。そして、更に、夫と四人の子供は殺され、最後に二つになる末子は「体の内臓の音」がするはどに、米兵によってふみころされたことを、朝鮮調査委員会のフェルトン博士に朝鮮婦人が訴えていることをうけ加えられている。日本に於いては朝鮮動乱をきっかけにして、第三次世界戦争が起るのではなかろうか、とか。日本は隣国だからとにかく危い、これにそなえる為に再軍備をしなければならないとか、したがって軍需生産業が必要になって、日本経済は景気づいてくるとか、信用しきれないさまざ

パール博士は最後に

「大多数の人間が信用できぬ人間である場合に、その結果として生ずる利益がどんなものかは世界中の人が認めていると思う。平和ばかりではなく、正義・商業・工業・科学、これらのすべての世界の均衡は、人間の誠実な言葉に対する信頼にかかっている」と。

「世界」（岩波書店発行）という雑誌の三月号に印度のラダビノード・パール博士（カルカッタ大学総長、東京に於ける極東軍事裁判ではインド代表判事）による

62 教育の中立性の維持について（昭和二八・七・八文初地第四〇五号文部事務次官より都道府県教育委員会，都道府県知事あて）

教育制度の基本として、教育の中立性は最も厳重に保持せられなければならない。
しかるに、最近山口県における「小学生日記」「中学生日記」の例に見るごとく、ややもすれば特定政党の政治的主張を移して、児童、生徒の脳裏に印しようとするごとき事例なしとしないのは、はなはだ遺憾とするところであって、貴管下教育行政の全般に御伝達願いたく、命により通達する。
なお、それぞれ関係教育委員会及び学校長に御伝達願いたい。

記

一　いやしくも、一部の利害関係や特定の政治的立場によって教育が利用され、歪曲されることのないよう留意すること。

二　多種多様の教材資料中には上記山口県教職員組合編集にかかる「小学生日記」「中学生日記」に見るごとく、往々特定の立場に偏した内容を有し、教材資料として不適当なものもあるようであるから、その取捨選択にあたっては、関係者において特に細心留意すること。

三　各所属長は、職員の服務につき、常に指導を怠ることなく真面目に勤務が行われるよう適切な監督を行うとともに、いやしくも違反行為のある場合には、その是正について厳正な処置をとり、もって勤務不良の教職員の絶無を期せられたきこと。

61　中学生日記欄外記事（問題となった部分）

六月

日本とアジヤ貿易

机上に世界全図をひろげて見て下さい。そして陸地と海洋の関係をよくよく見なさい。

海や空が世界をひとつに続けているにしても半島や島はどれかの大陸に自然に地理的に附属している。それでは日本列島とアジヤ大陸、日本の地理的条件はどうでしょうか。こうしたいろいろの地理的環境のとこ

ろに人間はどのような経済生活を営んでき、社会進歩につれてどのように生活圏を確保してきたのでしょうか。原始社会それは猿人に近い頃、林間・海辺の採集生産、狩猟生産をしていたごく少数の一群の原始人の衣食住のそぼくな生活文化・生産の中には、近代社会に於ける近代人の文明と経済が必要とする生活圏の規模はまだ発生していなかった。

近代工業と物質機械文明が人類の交通と生活を統一したとも言える。地球上至る所一点の余地もない程利用している。天然資源は勿論のこと、産物はなくても軍事・交通に必要なものは、無人島の小さい島までどの国かによって支配されている。

ところで地球は一つの楽園であってほしい。日本が地理的に依存するアジヤは自由に有無相通じ、アジヤ民族の文化生活を豊にしたいものです。それにアジヤの工業国日本が近代工業の基礎たる鉄、石炭等、資源の豊富な中国とも自由貿易をしない、それが日米安全保障条約を結んだアメリカに対する日本の義務だ、という、政治家の言うことは国民に素直に考えられないことです。日本の独立・経済自立のためには勿論アジヤ及び世界平和に貢献すべき日本の立場に、どうしても朝鮮・満州・中国・東南アジヤ・印度等に対して日本の文化的、又産業技術的指導が望ましい。アジヤにおける未開発地域に対して日本の文化的、又産業技術的指導が望ましい。世界平和は、防衛同盟からではなく、全世界と経済通商協定を結ぶことです。

朝鮮民族の悲劇

パール博士はいっている。

「われわれは朝鮮における戦争は、世界平和のためのものであり、そして正義を証明するものであると教えている。しかし現実には、われわれの眼にうつる姿は、朝鮮人に関する限り、滅亡の戦争であった。彼等はほとんどすべての存在物を破壊されてしまったのである」と。これを裏づけるために、ある英国人の実際目撃者の言葉をもって、次の如くのべ

（「戦後日本教育史料集成」編集委員会編『戦後日本教育史料集成　第四巻』三一書房，1983年，pp.112-113）

(8) 特別支援学校学習指導要領

特別支援学校小学部・中学部学習指導要領（平成21年3月告示）抜粋

第1章 総則

第1節 教育目標
　小学部及び中学部における教育については，学校教育法第72条に定める目的を実現するために，児童及び生徒の障害の状態及び特性等を十分考慮して，次に掲げる目標の達成に努めなければならない。
1. 小学部においては，学校教育法第30条第1項に規定する小学校教育の目標
2. 中学部においては，学校教育法第46条に規定する中学校教育の目標
3. 小学部及び中学部を通じ，児童及び生徒の障害による学習上又は生活上の困難を改善・克服し自立を図るために必要な知識，技能，態度及び習慣を養うこと。

第2節 教育課程の編成
第1 一般方針
2. 学校における道徳教育は，道徳の時間を要（かなめ）として学校の教育活動全体を通じて行うものであり，道徳の時間はもとより，各教科，外国語活動，総合的な学習の時間，特別活動及び自立活動のそれぞれの特質に応じて，児童又は生徒の発達の段階を考慮して，適切な指導を行わなければならない。
　道徳教育は，教育基本法及び学校教育法に定められた教育の根本精神に基づき，人間尊重の精神と生命に対する畏（い）敬の念を家庭，学校，その他社会における具体的な生活の中に生かし，豊かな心をもち，伝統と文化を尊重し，それらをはぐくんできた我が国と郷土を愛し，個性豊かな文化の創造を図るとともに，公共の精神を尊び，民主的な社会及び国家の発展に努め，他国を尊重し，国際社会の平和と発展や環境の保全に貢献し未来を拓（ひら）く主体性のある日本人を育成するため，その基盤としての道徳性を養うことを目標とする。
　小学部において道徳教育を進めるに当たっては，教師と児童及び児童相互の人間関係を深めるとともに，児童が自己の生き方についての考えを深め，家庭や地域社会との連携を図りながら，集団宿泊活動やボランティア活動，自然体験活動などの豊かな体験を通して児童の内面に根ざした道徳性の育成が図られるよう配慮しなければならない。その際，特に児童が基本的な生活習慣，社会生活上のきまりを身に付け，善悪を判断し，人間としてしてはならないことをしないようにすることなどに配慮しなければならない。
　中学部において道徳教育を進めるに当たっては，教師と生徒及び生徒相互の人間関係を深めるとともに，生徒が道徳的価値に基づいた人間としての生き方についての自覚を深め，家庭や地域社会との連携を図りながら，職場体験活動やボランティア活動，自然体験活動などの豊かな体験を通して生徒の内面に根ざした道徳性の育成が図られるよう配慮しなければならない。その際，特に生徒が自他の生命を尊重し，規律ある生活ができ，自分の将来を考え，法やきまりの意義の理解を深め，主体的に社会の形成に参画し，国際社会に生きる日本人としての自覚を身に付けるようにすることなどに配慮しなければならない。

第3章 道徳

　小学部又は中学部の道徳の目標，内容及び指導計画の作成と内容の取扱いについては，それぞれ小学校学習指導要領第3章又は中学校学習指導要領第3章に示すものに準ずるほか，次に示すところによるものとする。
1. 児童又は生徒の障害による学習上又は生活上の困難を改善・克服して，強く生きようとする意欲を高め，明るい生活態度を養うとともに，健全な人生観の育成を図る必要があること。
2. 各教科，外国語活動，総合的な学習の時間，特別活動及び自立活動との関連を密にしながら，経験の拡充を図り，豊かな道徳的心情を育て，広い視野に立って道徳的判断や行動ができるように指導する必要があること。
3. 知的障害者である児童又は生徒に対する教育を行う特別支援学校において，内容の指導に当たっては，個々の児童又は生徒の知的障害の状態や経験等に応じて，適切に指導の重点を定め，指導内容を具体化し，体験的な活動を取り入れるなどの工夫を行うこと。

特別支援学校高等部学習指導要領（平成21年告示）抜粋

第1章 総則

第1節 教育目標
　高等部における教育については，学校教育法第72条に定める目的を実現するために，生徒の障害の状態及び特性等を十分考慮して，次に掲げる目標の達成に努めなければならない。
　1.学校教育法第51条に規定する高等学校教育の目標
2.生徒の障害による学習上又は生活上の困難を改善・克服し自立を図るために必要な知識，技能，態度及び習慣を養うこと。

第2節 教育課程の編成
第1款 一般方針
2. 　学校における道徳教育は，生徒が自己探求と自己実現に努め国家・社会の一員としての自覚に基づき行為しうる発達の段階にあることを考慮し人間としての在り方生き方に関する教育を学校の教育活動全体を通じて行うことにより，その充実を図るものとし，視覚障害者，聴覚障害者，肢体不自由者又は病弱者である生徒に対する教育を行う特別支援学校においては，各教科に属する科目，総合的な学習の時間，特別活動及び自立活動において，また，知的障害者である生徒に対する教育を行う特別支援学校においては，道徳の時間をはじめとして，各教科，総合的な学習の時間，特別活動及び自立活動において，それぞれの特質に応じて，適切な指導を行わなければならない。
　道徳教育は，教育基本法及び学校教育法に定められた教育の根本精神に基づき，人間尊重の精神と生命に対する畏（い）敬の念を家庭，学校，その他社会における具体的な生活の中に生かし，豊かな心をもち，伝統と文化を尊重し，それらをはぐくんできた我が国と郷土を愛し，個性豊かな文化の創造を図るとともに，公共の精神を尊び，民主的な社会及び国家の発展に努め，他国を尊重し，国際社会の平和と発展や環境の保全に貢献し未来を拓（ひら）く主体性のある日本人を育成するため，その基盤としての道徳性を養うことを目標とする。
　道徳教育を進めるに当たっては，特に，道徳的実践力を高めるとともに，自他の生命を尊重する精神，自律の精神及び社会連帯の精神並びに義務を果たし責任を重んずる態度及び人権を尊重し差別のないよりよい社会を実現しようとする態度を養うための指導が適切に行われるよう配慮しなければならない。

第3章 道徳（知的障害者である生徒に対する教育を行う特別支援学校）

第1款 目標及び内容
　道徳の目標及び内容については，小学部及び中学部における目標及び内容を基盤とし，さらに，青年期の特性を考慮して，健全な社会生活を営む上に必要な道徳性を一層高めることに努めるものとする。

第2款 指導計画の作成と内容の取扱い
　1.指導計画の作成に当たっては，生徒，学校及び地域の実態を十分考慮し，中学部における道徳との関連を図り，計画的に指導がなされるよう工夫するものとする。
2.内容の指導に当たっては，個々の生徒の知的障害の状態や経験等に応じて，適切に指導の重点を定め，指導内容を具体化し，体験的な活動を取り入れるなどの工夫を行うものとする。
3.道徳教育を進めるに当たっては，学校や学級内の人間関係及び環境を整えるとともに，学校の道徳教育の指導内容が生徒の日常生活に生かされるようにするものとする。また，保護者や地域の人々の積極的な参加や協力を得るなど相互の連携を図るよう配慮するものとする。

（文部科学省ホームページ「新学習指導要領」）

(9) 「つくばスタイル科」「つくば次世代型スキル」評価基準（平成24年度版）

分類		種		力	概念（定義）
Ⅰ	思考に関するスキル	A	問題解決	A1 客観的思考力	主観を交えず，誰もが納得できるように，筋道を立てて多面的に考えを進める力
				A2 問題発見力	あるべき姿と，現状のギャップから問題を発見し，問題が発生している真因を突き止める力
		B	自己マネジメント	B1 自己認識力	自分の状況，感情，情動を知り，行動指針を形成していく力
				B2 自立的修正力	依存・受け身から脱し，主体的に自分自身の力で，現状を見直す力
		C	創造革新	C1 創造力	過去の経験や知識を組み合わせて新しい考えをつくり出す力
				C2 革新性（イノベーション）	今までの方法，習慣などを改めて新しくしようとする意欲や力
Ⅱ	行動に関するスキル	D	相互作用	D1 言語力（コミュニケーション）	言語を用いて思考し，その思考した内容を正確に伝え合う力
				D2 協働力（コラボレーション）	お互いの不足を補い合い，よさを生かし合って課題を解決していく力
Ⅲ	手段・道具を活用するスキル	E	情報ICT	E1 情報活用力	課題や目的に応じて，必要な情報を主体的に収集・判断・表現・処理・創造し，発信・伝達できる力
				E2 ICT活用力	ICT機器の特性を知り，自らの課題解決のために道具として役立てる力
Ⅳ	世界市民としての力	F	つくば市民	F1 地域や国際社会への市民性	よりよい社会の実現のために，まわりの人と積極的に関わろうとする意欲や行動力
				F2 キャリア設計力	自己のよさや可能性に気づくとともに，集団の一員としての役割を果たし，将来設計を達成するために主体的に取り組もうとする意欲や力

前期（1・2学年）	前期（3・4学年）	中期（5～7学年）	後期（8～9学年）
○事実と感想とを区別して考えを進めることができる。	○具体的な根拠を基に筋道を立てて考えを進めることができる。	○多様な考えや資料を基に考えを進めることができる。	○帰納・類推，演繹などの推論を用いて考えを進めることができる。
○体験学習をとおして感じたことから「なぜ」「何」「どんな」の課題をもつことができる。	○興味関心が同じ者同士で集まって，話し合いで課題を決めることができる。	○興味あることや自分の調べたことを関連付けて，問題を絞り込み課題を設定することができる。	○これまでの学習を生かし，課題解決への見通しをもった上で，追究する価値がある課題を設定することができる。
○自己評価を使って，振り返ることができる。	○自分自身の性格，長所，短所，顔望，嫌なことなどを，自己評価を使って気づくことができる。	○自分自身の性格，長所，短所，顔望，嫌なことなどを，自分自身の力で気づくことができる。	○自分自身を知るとともに，他者に共感することができる。
○指摘されると誤りに気づき，助けを借りて修正することができる。	○指摘されると誤りに気づき，独力で修正できる。	○誤りに自ら気づき，独力で修正できる。	○誤りに自ら気づき，独力で容易に修正し，より望ましい状態にすることができる。
○課題をなんとか解決したい，成果を得たいという解決欲がある。	○課題を解決するための仮説を，自らつくり出すことができる。	○課題を解決するために話し合い，解決のための仮説をつくり出すことができる。	○課題を解決するための仮説を，多面的な考えに基づき，自らつくり出すことができる。
○よりよいものをつくろうとしている。	○新たな発想をしている。	○イノベーションのできあがりの姿をイメージし，取り組むことができる。	○イノベーションの機会とリスクを考えて，より有効な方策の選択をしている。
○互いの話を集中して聞き，話題に沿って話し合うことができる。	○互いの考えの共通点や相違点を整理しながら伝え合うことができる。	○互いの立場や意図をはっきりさせながら伝え合うことができる。	○帰納・類推，演繹などの推論を用いて思考し，伝え合う活動を行うことができる。
○友達と協力して，情報を収集したり，課題を集めたりすることができる。	○自分の考えをまとめるときに，友達と意見交換を行い，相手の考えを認めたり取り入れたりしながら行うことができる。	○学級や学校の枠を超え，自分の課題と関連する他の児童生徒と協働して，プロジェクトを進めることができる。	○高校，大学だけでなく，研究機関や世界中の人々と協力しながら，プロジェクトを進めることができる。
○課題や目的に応じて，情報を収集することができる。○課題を見つけるために，収集した情報を取捨選択することができる。	○収集した情報を，自分なりにまとめることができる。○まとめたものを，友達などと意見交換し，さらに考えを深めることができる。	○自分の考えを他者にわかりやすく表現することができる。○研究所など外部機関と連携し，創造的な考えを生み出すことができる。	○自分の考えを受け手の状況を考えながら，ICT機器やネットワークを上手く利用し情報を発信伝達することができる。
○情報を的確に収集するためにデジタルカメラを使うことができる。○自分の考えをスタディノートに入力し電子黒板を使って発表できる。	○自分の考えをローマ字を使ってパソコンに入力することができる。○電子掲示板を使って友達と意見の交換をすることができる。	○自分の考えを深めるためにインターネットを使って情報を取捨選択することができる。○テレビ会議を使って，他校や地域の人と情報交換できる。	○テレビ会議やネットワークを使って，高校，大学，研究機関と学習を深めることができる。○自分の考えをネットワークを使って発信することができる。
○基本的生活習慣や行動規範の基礎を確実に身に付けている。	○よりよい生活を築こうとする態度を身に付けている。	○社会的な行動力の基礎を身に付けている。	○積極的に社会に貢献する態度をもち，将来の自己の生き方について展望をもっている。
○自分のことは自分ででき，友達とも仲良く助け合いながら生活できる。○自分に与えられた仕事は責任をもって行う。	○自分のよさを見つけ，友達のよさを認め，励まし合う人間関係をつくる。○働くことの楽しさを実感し，将来への夢や希望をもって生活できる。	○自分の役割を自覚し，責任をもって行動できる。○将来の夢や希望をもち，その実現をめざして努力することができる。	○自分を見つめ直し，自らの意思と責任において将来における自己の生き方や進路選択ができる。

（つくば市総合教育研究所編著『つくば発！小中一貫教育が世界を変える　新設「つくばスタイル科」の取り組み』東京書籍，2012年，pp.48-49）

(10) 「つくばスタイル科」(キャリア) 単元一覧 (平成24年度版)

学年	1年	2年	3年	4年
単元名	大好き! 私の学校・家族	ふやそう! 自分のできること	紹介しよう! 人・地域・つくばの自慢	ふれあおう! 人と人
主な内容	キャリア/豊かな心	キャリア/豊かな心	キャリア/歴史・文化 /豊かな心	キャリア/環境/豊かな心
単元目標	○作業の準備や片付け、決められた時間やきまりを知り、守る。(A2,B2) ○友達やまわりの人にあいさつをすることで、かかわり合いを深める。(C1,D1) ○当番活動や家庭の仕事の手伝いに取り組み、みんなのために役立つ。(D2,F1)	○自分の生活を振り返り、人に対して自分たちにできることを考える。(A1,A2,B1) ○交流会などの体験活動などを通して、人との接し方を学ぶ。(C2) ○身のまわりで活躍している人から、さまざまな人の役割の大切さを知る。(E1,F2)	○まち探検などの活動をとおして、いろいろな職業があることを知る。(A1) ○自分たちが見つけた仕事を学校と連携して国つくで、伝え合い、共通点や相違点を考えるなど仕事についての知識を深める。(B2,D2,E2) ○自分が住む地域のよさ(自慢)を発見し、広めようと積極的に関わり行動する。(C2,F1)	○互いの考えの共通点や相違点を知り、相手の気持ちを考えて行動する。(A1) ○地域の安全・安心を支える人々の仕事について まとめ、他者と意見交換し、さらに考えを深める。(A2,C2,E1) ○地域の人たちとつながり、支え合い、助け合っていく大切さを実感し、地域社会の一員として自分たちにできることを考える。(D2,F2)
Ⅰ 思考に関するスキル	A 問題解決	A1 客観的思考力		○	○	○
		A2 問題発見力	○	○	○	○
	B 自己マネジメント	B1 自己認識力		○		
		B2 自己修正力	○		○	
	C 創造革新	C1 創造力	○			
		C2 革新性(イノベーション)			○	
Ⅱ 行動に関するスキル	D 相互作用	D1 コミュニケーション力	○			○
		D2 協働力(コラボレーション)	○		○	○
Ⅲ 道具を活用するスキル	E 情報ICT	E1 情報活用力		○	○	○
		E2 ICT活用力			○	
Ⅳ 世界市民としての生き方	F 市民性	F1 地域や国際社会への貢献性	○		○	○
		F2 キャリア設計力		○		○
本質的課題	人とのかかわりにおいて大切なことは何だろう			地域の魅力に必要なものは何だろう	
単元課題	○どうして人に喜んでもらうとうれしいのだろう ○学校のみんなと仲良くするためには、どうしたらいいのだろう ○自分のことを分かってもらうために、何から始めたらいいのだろう ○家族のために自分にできることは何だろう	○役割って何だろう ○1年生のために自分ができることは何だろう ○友達やクラスのために自分ができることは何だろう ○身のまわりには、どんな役割があるのだろう	○一番伝えたいつくばの自慢は何だろう ○自己紹介をしよう ○つくばにはどんな仕事があるのだろう ○他校に自慢したい地域のよさは何だろう	○人々のくらしを支えるものは何だろう ○人々のくらしを支える施設や人には、どのような役割があるのだろう ○学校生活をよりよくするために、どんな役割が果たせるだろう
学習活動(概要)	学校のみんなと仲良くなるためには、どうしたらいいのだろう 1 みんなの名前を覚えよう、自分の名前を覚えてもらおう 2 自己紹介をしよう 3 おにいさん、おねえさんにあいさつしよう 4 学校で仕事をする人たちにあいさつしよう 自分のことを自分で分かるために、何から始めたらいいのだろう 5 すきなことを知ろう 6 お片付けの大切さを知ろう 7 きまりの大切さを知ろう 8 そうじをしてみよう 家族のために、自分にできることは何だろう 9 家の仕事を知り、自分にできることは何かを考えよう 10 お手伝い作戦計画を発表しよう 11 お手伝い作戦報告会	1年生のために自分ができることは何だろう 1 役割って何だろう 2 1年生のためになかよし会(鉄道会)を開こう 3 これから1年生にしてあげられることは何だろう 友達やクラスのために自分ができることは何だろう 4 新しい学年・学級に必要な仕事を考えよう 5 係活動を振り返る 6 身のまわりの人には、どんな役割があるのだろう 7 〜11 見つけたよ、知ってるよ、こんな人 12 これからの私	自己紹介をしよう 1 伝えよう自分のこと、見つめよう自分 2 つくばにはどんな仕事があるのだろう 3 学校のまわりにはどんな仕事があるのかな 4 校区を探検あら新しい仕事を発見 5 〜 6 他校の大切なしごとを地域の人のために発見 7 〜 8 ○○の自慢を見つけよう 9 〜 10 ○○の自慢をまとめよう 11 まとめたことを、発信しよう 友達のよさ、自分のよさ 12 友達のよさ、自分のよさを発見しよう	人々のくらしを支える施設や人には、どのような役割があるのだろう 1 人々のくらしを支えるために、地域にはどんな施設があるのだろう 2 自分の考えを伝えよう 3 〜 6 地域の人々のくらしを支えるために、施設や人はどうつながっているのだろう(自動・共助) 7 〜 8 学んだことをまとめよう 学校生活をよりよくするために、どんな役割が果たせるだろう 9 〜 11 学校や学級で担う役割を見定め、改善の手立てを考えよう 12 地域の一員としての私たち

コミュニケーションスキルについて
1) グループエンカウンター
2) ピアサポート活動
3) ソーシャルスキルトレーニング
4) アサーショントレーニング
5) アンガーマネジメント
6) ストレスマネジメント教育
7) ライフスキルトレーニング
8) キャリアカウンセリング

学びの3つのステップ

○は最重要項目

	5年	6年	7年	8年	9年
	見つめよう！ 社会・仲間・自分	広げよう！ 夢・希望	自分に気づこう！ 実社会に触れて学ぶ	自実社会での体験	デザインしよう！ 将来の自分
	キャリア／環境／歴史・文化 ／豊かな心	キャリア／豊かな心 ／国際理解／豊かな心	キャリア／豊かな心	キャリア／福祉／豊かな心	キャリア／環境／福祉 ／科学技術／豊かな心
	○工業製品が自分たちの生活にもたらす便利さやくらしの変化に気づく。(A1) ●働く人とコミュニケーションを図ることをとおして、仕事に対する思いや工夫・努力に触れる。(D2,E1) ●働く人たちから学んだことを生かし、自分たちにできることを考える。(B2,C2,F2)	○身近な人とかかわりながら、職業に対する考え方や生き方を知る。(A2,F1) ●職業人の仕事のやりがいや生き方について学んだことから、自分の生き方について考えを深める。(B1,D1) ●将来の夢や希望をもち、中学生と語り合う。(E2,F2)	○コミュニケーションスキルを身に付け、人と上手に連携をとりながら活動し、自分のよさや適性に気づく。(B1,D1) ●マーケティング活動をとおして、実社会に足りていないものや人びとが望んでいるものを探り出す方法を理解する。(A1,F1) ●学園区をよりよくするための改善策を提案する。(C1,D2)	○実社会で活動していくために、相手を尊重しつつ自分の意見を言ったり人間関係を円滑にしたりすることが必要であることを知る。(B1,B2) ●職業人に触れたり聞いたりする中で、職業の社会的役割や意義に対して考えを深める。(F1,F2) ●体験で学んだことやこれからの自分について、最大限を保護者に発信することで、自己の生き方を追求する。(C1,D2)	○リーダーとフォロワーの立場を理解して、チームを組んで互いに支え合いながら企画・デザインをすることを理解する。(A2,C2) ●さまざまなアイディアを出し合いながらよりよいものを企画・デザインするために、企業の人からアドバイスをもらい、考えを修正しながら活動を進める。(B2,E1) ●将来の夢や希望に向かって、自己の生き方を考える。(D1,F2)
		○			○
			○	○	
			●		●
	○			○	○
			○		
	●			●	●
		○			
		○			
	○	○	○	○	○
	社会を知ること、その社会と関わるために必要なことは何だろう		人々が共生する社会とはどのようなものだろう		未来をつくるのは何だろう
	○自分のよさって何だろう ○高学年に必要なことは何だろう ○「ものづくり」に携わる人は、どんな努力や工夫をしているのだろう ○「ものづくり」に携わる人たちが大切にしていることで、私たちが学ぶべきことは何だろう ○自分らしさとは何だろう	○自分の将来に向かって身に付ける必要がある力やスキルは何だろう ○人と関わる時に大切なことは何だろう ○仕事にはどんな価値があるのだろう ○どうすれば自分のめざす生き方を見つけられるだろう	○社会のしくみから見える自分の特徴は何だろう ○人と関わる時に大切なことは何だろう ○地域のために自分ができることは何だろう	○社会の中で自分ができることは何だろう ○人間関係を円滑にするにはどうすればいいのだろう ○職業の社会的役割・働く意義とは何だろう	○地域や社会に向けて何ができるのだろう ○ニーズを実現する設計・デザインとはどのようなものだろう ○どのように自分の将来の設計・デザインしていくのだろう
	高学年に必要なことは何だろう 1 高学年の心得え、役割、責任を知り、目標を立てよう 2 新しい仲間をつくろう 「ものづくり」に関わる人は、どんな努力や工夫をしているのだろう <M1> 3 家電製品が私たちの生活との関わりを知り、情報を収集しよう 4 電気製品の進化と私たちの生活を考えよう 5 産業を支える人々の役割と工夫を知ろう 6 ものづくりを支える人々のエネディア・一企業訪問に出かけよう <M2> 7 自動車づくりの疑問を見つけよう 4～5 働く人にインタビューしよう 6 働く人から学んだことをまとめよう 「ものづくり」に関わる人たちが大切にしていることで、私たちが学ぶべきことは何だろう 7～9「今」の自分たちにできることを考えよう 10～11 企業や地域の人から、アドバイスをもらおう 12～13 グループごとにまとめよう 14 自分たちの考えを発信しよう 自分らしさとは何だろう 15 自分の良さに気づき、自分らしさを発揮しよう	仕事にはどんな価値があるのだろう 1 知っている仕事とその価値について考えよう 2 身近な人から、働くことと仕事について学ぼう 3～5 職業人から学んだことから、自分の能力や特性を知ろう 6～7 学んだことをまとめよう どうすれば自分のめざす生き方を見つけられるだろう 8～12 将来の夢や目標を思い描こう 13～14 自分がめざす生き方を語ろう 15 活動を振り返り、3年後の自分に手紙を書こう	人と関わる時に大切なこととは何だろう 1 ソーシャルスキルを学ぼう 2 人と上手に関わり合っていくためには、どんなことに配慮しなければいけないかを知り、自分の能力や特性に気づこう 3 職場のしくみを知ろう 地域のために自分ができることは何だろう 4 社会のしくみに触れよう 5 職場見学にまとめよう 6 マーケティングの手法を知ろう 7 マーケティング調査を実施し、マーケティングに必要な方を学ぼう 8～9 マーケティングから見える課題を解決するためのプランニングをしよう 10 自分たちが住んでいる地域の良いところや足りないところを話し合い、情報を収集しよう 11 マーケティングに必要な方を学ぼう 12 地域の人を招待して、改善プランを紹介しよう 13 地域の人と改善プランを実行しよう 14 活動を振り返り、何が自分にとって大切になったか考えよう 15 継続した活動を通して、地域その変化の様子を見てみよう	人間関係を円滑にするにはどうすればいいのだろう 1～2 スキルアップトレーニングを行い、社会的スキルを身に付けよう 3 企業人と出会い連携し、自分の能力を伸ばそう 4 人間関係で活躍する人がもっているソーシャルスキルについて考えよう 職業の社会的役割・働く意義とは何だろう 5 職業の社会的意義を語り合いの中で学ぼう 6 1～4 の自分の感想・考えたことをワークシートにまとめよう 7～12 プレゼンテーションを行う 13 他者の生き方を受け入れ、自分の内面に迫る	地域や社会に向けて何ができるだろう 1 さまざまな人の生き方やデザインを学ぼう 2 今、地域や社会で問題になっていることを調べて、みんなが困ってくれるものや、みんなが必要とする企画・デザインを考えよう 3 設計をするために、リサーチをしよう 5～10 将来、大人になったときに、みんなが喜んでくれるものやことを考え、企画・デザインをしよう 11～12 チームで再検討してデザインしよう 13～14 プレゼンテーションを行う 15 活動を振り返り、他者の企画・デザインを受け入れ、関心を高める自分を認識する
		About		For	

((9)に同じ, pp.80-81)

［著者紹介］

田中マリア（たなか　まりあ）

1975年山梨県生まれ。筑波大学大学院博士課程修了。現在，筑波大学大学院人間総合科学研究科助教。博士（教育学）。

［著書］『道徳教育の研究』（角川学芸出版，2008年），『道徳教育の変成と課題』（共著）（学文社，2010年）

［論文］「ルソーの宗教教育論に関する一考察―その指導法に焦点をあてて―」（『教育哲学研究』第90号，2004年）

道徳教育の理論と指導法

2013年3月30日　第一版第一刷発行

著　者　田　中　マリア
発行所　株式会社　学　文　社
発行者　田　中　千　津　子

〒153-0064　東京都目黒区下目黒3－6－1
電話(03)3715-1501(代表)　振替 00130-9-98842
http://www.gakubunsha.com

落丁，乱丁本は，本社にてお取り替え致します。　印刷／東光整版印刷㈱
定価は，売上カード，カバーに表示してあります。　＜検印省略＞

ISBN 978-4-7620-2371-2
Ⓒ 2013 TANAKA Maria　Printed in Japan